读懂财报：医药行业投资指南

张艺轩 著

中国商业出版社

图书在版编目（CIP）数据

读懂财报：医药行业投资指南/张艺轩著. -- 北京：中国商业出版社，2021.2（2023.2重印）

ISBN 978-7-5208-1565-9

Ⅰ．①读… Ⅱ．①张… Ⅲ．①制药工业-工业会计-会计报表-会计分析-指南 Ⅳ．①F407.776.72-62

中国版本图书馆 CIP 数据核字（2021）第 035775 号

责任编辑：黄世嘉

中国商业出版社出版发行
（www.zgsycb.com　100053　北京广安门内报国寺 1 号）
总编室：010-63180647　编辑室：010-63033100
发行部：010-83120835/8286
新华书店经销
北京虎彩文化传播有限公司印刷

*

710 毫米×1000 毫米　16 开　12.5 印张　200 千字
2021 年 2 月第 1 版　2023 年 2 月第 2 次印刷
定价：58.00 元

* * * *

（如有印装质量问题可更换）

前　言

"这家药企这段时期的收入增长不稳定，与成本、费用的同步性不好……说明企业经营有问题。"

"这家器械生产企业的资产负债率太高，你看它的竞争企业平均才多少，说明这个企业财务风险有些大，资产负债率低，风险肯定低一些。"

"这家药企前两年做了很多并购，听说有的经营并不理想，肯定有商誉减值问题，咱们要不还是不要投它了吧……"

"你看经营性现金流入和利润的同步性很好，现金流量表最真实，不可能有操纵空间的。"

"这家企业和另一家都有不错的产品线，利润规模也接近，增长速度都在20%左右，为什么给这家的 P/E 估值到 50 倍这么高，根据 PEG 法这个估值是不合理的。"

上述这些关于财务指标的说法是不准确的。部分医药企业近几年的收入确认受到"两票制"的影响，会有较大的波动，但并不代表企业经营出现异常；企业的资产负债率偏高，但可能有息负债率是较低的，资产负债率低也不代表企业偿债风险低；企业因并购产生了大量商誉，不一定会因为被投企业短期业绩不达预期而计提减值损失；现金流量表中现金的数据，也会有人为操纵的因素影响；企业的相对估值受到很多因素的影响，PEG 法有其使用的局限性。

这是我们在医药投资工作中经常会听到的一些说法。医药行业有其独特性，投资人往往注重对医药产品的市场空间以及其竞争力的分析，但是却会忽略通过系统的财务报表来分析了解企业的经营状况。投资人会因为对财务数据解读不够深入而错失一些投资机会，当然更多的情况是因为对财务数据理解有限而买入了高风险的资产。

本人从事医药行业一、二级市场投资有近 10 年的时间，财务报表分析是一件日常工作，但做好这个工作并不容易。本书着眼于医药企业财务报表的特点，论述在实际投资工作中不同报表科目的分析方法和关注重点，厘清常见的财务指标在医药行业中的应用问题，以及如何识别财务操纵。

本书不是一本讲解财务基础知识的书籍，而是一本从财务角度分析企业真实价值的参考书籍。

无论你是投资医药股票还是医药企业的从业者，都可以阅读这本书，相信会成为你分析企业的重要工具。

张艺轩

2020 年 11 月

目 录

第一章 读懂医药行业利润表 ······ 1

第一节 收入 ······ 2
一、什么是收入"低开"转"高开" ······ 3
二、新的收入确认会计政策对医药行业有什么影响 ······ 4
三、为什么医药公司第四季度收入一般高于其他季度 ······ 5
四、如何通过应收账款了解收入 ······ 6
五、有什么与收入相关的勾稽关系 ······ 7
六、关联交易有何利弊 ······ 8
七、如何识别收入造假 ······ 9

第二节 成本 ······ 13
一、成本是怎么核算出来的 ······ 14
二、毛利从哪些角度分析 ······ 16
三、毛利与存货如何综合分析 ······ 19
四、固定资产折旧对医药行业成本影响几何 ······ 20

第三节 管理费用与研发费用 ······ 23
一、企业的研发效率如何衡量 ······ 24
二、我国研发一款新药需要多少钱 ······ 25
三、研发费用和开发支出如何区分 ······ 28
四、做股权激励有副作用吗 ······ 29
五、股权激励只影响利润表里的管理费用吗 ······ 31

· 1 ·

六、对于股权激励事件投资者需要注意什么 ………………………… 32

第四节 财务费用 …………………………………………………………… 34

一、企业的债务融资成本如何核算 …………………………………… 34

二、医药商业企业较高的财务费用反映出什么问题 ………………… 36

三、医药公司有哪些债务融资方式 …………………………………… 37

四、我国医药企业的融资偏好 ………………………………………… 38

五、医药行业有息负债率高吗 ………………………………………… 39

六、财务费用分析的其他注意事项 …………………………………… 41

第五节 税 …………………………………………………………………… 43

一、我国医药企业的主要税项是什么 ………………………………… 44

二、关于医药行业的增值税 …………………………………………… 48

三、医药行业"两票制""金税三期"对企业的影响多大 ………… 50

四、什么是递延所得税资产/负债 ……………………………………… 51

第六节 非经常性损益 ……………………………………………………… 52

一、投资收益从哪里来 ………………………………………………… 53

二、公允价值变动收益从哪里来 ……………………………………… 58

三、投资收益与公允价值变动收益都属于非经常性损益吗 ………… 58

四、政府补助如何影响盈利?其都属于非经常性损益吗 …………… 59

五、资产减值损失与信用减值损失 …………………………………… 61

第七节 净利润与相对估值 ………………………………………………… 63

一、常用利润指标的差异 ……………………………………………… 65

二、企业盈利能力是用利润率来刻画吗 ……………………………… 66

三、P/E法估值如何使用 ……………………………………………… 67

四、为什么对医药行业进行P/E估值比较难 ………………………… 68

五、为什么EV/EBITDA受到更多重视 ……………………………… 70

第二章 读懂医药行业资产负债表 ………………………………………… 73

第八节 资产负债表与货币资金 …………………………………………… 74

一、资产负债表怎么看?什么最重要 ………………………………… 74

二、"现金为王",那么企业经营究竟需要多少现金 ……………… 77

三、常见关于货币资金的问题 80

第九节 应收账款 83

一、应收账款对利润表有何影响——收入的角度 84

二、应收账款对利润表有何影响——信用减值损失的角度 86

三、应收账款的融资功能——应收账款保理、质押、资产证券化 ... 89

四、关于其他应收款、预付账款 89

第十节 存货 92

一、医药行业存货的特点 93

二、存货分析要点一——存货的计量 93

三、存货分析要点二——存货周转率 95

四、存货分析要点三——存货跌价准备 98

第十一节 固定资产与在建工程 102

一、固定资产分析从哪些方面入手 103

二、折旧与固定资产减值损失对利润表影响几何 107

三、为什么在建工程转固难普遍存在 109

第十二节 无形资产与开发支出 112

一、为什么一个企业有很多项专利，但在无形资产中专利价值是零 115

二、企业的创新投入都无法计入无形资产吗 116

三、为什么国内企业的无形资产比例偏低 119

四、摊销与减值问题 123

第十三节 商誉 124

一、医药巨头多是靠外延发展成长起来的吗 126

二、中国许多制药企业为什么商誉偏低 130

三、对商誉的诟病为什么比较多 132

四、分析商誉减值要注意哪些问题 133

第十四节 负债与资产负债率 136

一、资产负债率相同的公司，其财务风险相同吗 138

二、资产负债率是越低越好，还是越接近50%越好 140

三、高资产负债率一定是高风险吗 141

　　四、企业的财务风险应该如何评价 141
　　五、有哪些需要重点分析的负债科目 144

第十五节　所有者权益 148
　　一、关于所有者权益需要重点看哪些科目 150
　　二、为什么美股企业热衷回购，而中国股市并不明显 153
　　三、企业的收益应该再投资、分红还是回购 155
　　四、什么样股权架构更合理——恒瑞和海正的核心差异 157

第三章　读懂医药行业现金流量表 161

第十六节　现金流量表 162
　　一、现金流量表为什么重要 164
　　二、经营活动产生的现金流与净利润的差异如何分析 165
　　三、经营活动产生的现金流量也可以操纵吗 167
　　四、经营活动产生的现金流量如何分析 169
　　五、投资活动产生的现金流量如何分析 170
　　六、筹资活动产生的现金流量如何分析 172
　　七、现金流量表与其他报表的勾稽关系 172

第四章　读懂医药行业绝对估值 175

第十七节　绝对估值 176
　　一、不同公司计算企业自由现金流的方法一样吗 179
　　二、为什么医药分析师不喜欢谈论现金流折现（DCF）模型 181
　　三、如何给具有不确定性的新药估值 185

第一章 读懂医药行业利润表

第一节 收入

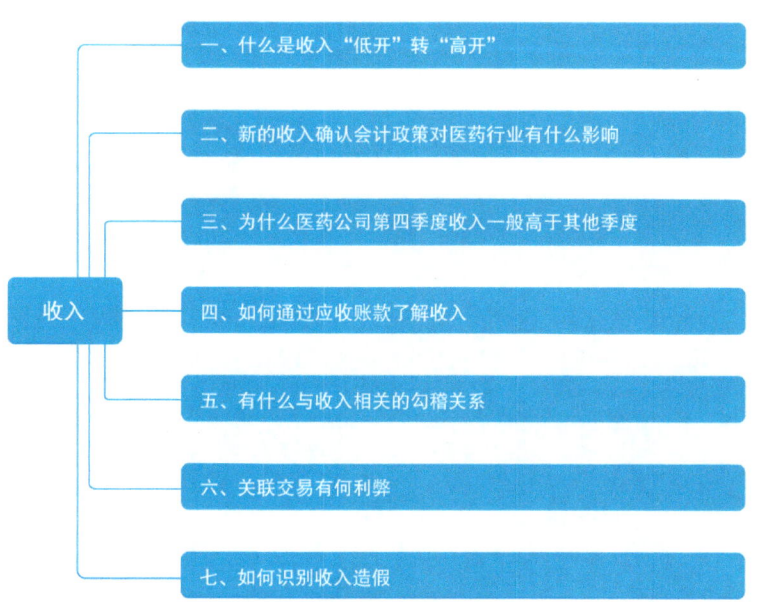

资产负债表是企业财务报表的始祖，有很大的信息量，也有一定的稳定性。利润表是后出现的，但利润表是现代企业估值的基础，所以对利润表的拆分理解很重要。

在利润表里，各个项目是按照持续性来排序的，持续性越好的排得越靠前。所以营业收入是最重要的项目，其次是各类费用和利润项目。因为费用的计提具有一定的艺术性，有些与会计估计有关，比如应收账款坏账的计提比例、存货跌价准备的计提比例、无形资产摊销期等。此外，对于医药行业非常重要的研发支出资本化比例、商誉的减值等都涉及主观判断，所以最终的利润体现，无论是EBITDA，还是投资者广泛关注的净利润都有一定的可调节空间。相对而言，收入确认较为可靠，是分析经营质量的第一指引，是利润表的核心指标。

收入的分析，应当从收入的结构变化、产品的发展趋势、应收款项与收入关系、关联交易等角度进行。其前提条件是收入的真实性，这需要结合行业客观趋势、上下游企业与可比公司情况来评判。

医药行业自身具有特殊性，比如国家对药品流通过程的管理趋严，导致制造业企业收入的开票方式、应收账款管理政策等发生变化，会使投资者对收入的理解发生偏差。下文针对医药行业收入项目常见的问题进行讨论。

一、什么是收入"低开"转"高开"

增值税是企业最重要的税种，但是由于其是流转税、价外税，所以利润表中的"营业收入"是不含增值税的收入。比如一家药品生产企业向医药商业公司开具100万元的增值税发票，但是其在利润表的"营业收入"只体现88.5万元（假设执行13%的增值税率），这相差的11.5万元即是增值税销项税。当然企业的成本和费用也有相应的可抵扣的进项税，销项税与进项税之差即为企业需要缴纳的增值税。

医药行业中的"低开"是指制造业企业出售产品时以较低的价格（底价）开增值税发票出厂，通过多层代理商销售加价，最后以较高的价格开增值税发票销售给终端。"高开"是指制造企业以接近终端价的价格开增值税发票出厂。

近10年来，国家为了改变药品流通环节过多、层层加价的问题，持续推进实施"两票制"。"两票制"是指药品生产企业的增值税发票只能开给一家商业公司，再由其开给医院终端，中间再无其他环节。"两票制"后，过去传统的多层代理模式和"过票"公司功能瓦解，制药企业由原来的"低开"销售模式转为"高开"销售模式，企业需要自建销售队伍或者将销售职能外包给其他团队，但需要将销售推广费用全部加在出厂价上。

中恒集团过去是国内医药上市公司的翘楚，拥有我国销售额最高的中药注射剂品种。中恒的报表变化过程充满了戏剧性，由于2011年与步长解除合作、2012—2014年"两票制"低开转高开、2015年公司易主等原因，公司的收入和利润的同比增速都是异常的，如表1-1所示。2012—2014年中恒的报表因"两票制"出现较大的波动。由于全国不同省份推进"两票制"速度不同，甚至有些地区政策执行不连续，企业出现收入异常增高和降低的情况。但公司扣除非经常性损益后净利润增长是比较稳健的。

2015年后，医药行业"两票制"推进速度加快，许多底价出厂的药品生产企业如双鹭药业、赛升药业等都大幅提高了出厂价，其在报表上的变化也非常明显。所以在分析医药企业利润表时，近5年的收入分析需要着重排除"两票制"

的影响因素，不能因账面数据的增加或减少来判断企业真实的销售情况，需要根据营业成本、销售费用、净利润、扣除非经常性损益后的净利润等综合判断企业的销售情况。

表1-1　中恒集团利润表摘要

单位：万元

	2015-12-31	2014-12-31	2013-12-31	2012-12-31	2011-12-31
营业总收入	134,308.51	321,440.64	399,669.76	194,571.85	115,055.13
同比（%）	-58.22	-19.57	105.41	69.11	-19.30
营业总成本	111,496.03	221,399.84	326,187.57	143,942.44	79,214.80
营业利润	62,428.21	186,001.50	74,271.01	85,051.80	36,018.01
同比（%）	-66.44	150.44	-12.68	136.14	-26.33
净利润	52,005.95	159,447.75	74,151.47	68,479.40	37,418.85
归属母公司股东的净利润	52,015.89	159,453.64	74,251.59	68,392.10	37,492.96
同比（%）	-67.38	114.75	8.57	82.41	1.10
非经常性损益	31,076.45	73,568.18	11,728.70	25,854.25	8,076.85
扣非后归属母公司股东的净利润	20,939.44	85,885.47	62,522.89	42,537.85	29,416.11
同比（%）	-75.62	37.37	46.98	44.61	-30.55

数据来源：wind。

二、新的收入确认会计政策对医药行业有什么影响

收入确认也并不是不受主观影响，收入确认是非常复杂的，不同行业、不同业务模式、不同产品都有其特殊性。为了保持与国际财务报告准则持续全面趋同，财政部于2017年7月发布了《关于修订印发〈企业会计准则第14号——收入〉的通知》（以下简称"新收入准则"）。

原收入准则区分销售商品、提供劳务、让渡资产使用权和建造合同等不同类型的收入确认模式，并以"风险报酬转移"作为收入确认时点的判断标准。新收入

准则不再区分业务类型,纳入统一的收入确认模型,并以"控制权转移"替代"风险报酬转移"作为收入确认时点的判断标准。比如对房地产企业来说,按照原准则,其已经收到客户支付的房款,需计入预收账款科目里,待客户验收入住后才能确认收入,导致收入反映的是几年前的销售情况,新收入准则颠覆了以前的交付确认收入模式,以"控制权转移"为确认时点,根据合同履约进度确认收入,对房地产企业的利润表影响较大。

对医药行业来说,CRO(合同研究组织)受到的影响较大。部分从事技术服务外包服务的生物医药企业根据新收入准则的要求,将原完工百分比法变更为试验完工一次确认收入法。完工百分比法的核算系根据已经发生的成本占预计总成本的比例确定提供劳务交易的完工进度,由于一个项目周期从几个月到几年不等,项目差异也较大,则"预计总成本"的估算对业务人员的专业知识和职业判断要求较高,主观判断会影响收入确认的合理性;同时,在项目实际执行过程中,增加试验项目、变更试验项目、终止试验项目均需对收入进行重估。新收入准则以"控制权转移"为确认时点,根据合同履约时点确认收入,企业需根据子项目的收入、成本、交付成果的内容等进行标化与约定,收入确认更为客观,有助于该类企业更好地反映经营情况。

三、为什么医药公司第四季度收入一般高于其他季度

在医药行业,年底是 CRO 公司业绩确认的高峰,同时,制造业也存在这种现象,我们以东阿阿胶为例来说明。

表 1-2 东阿阿胶第四季度收入占比较高

单位:亿元

	2014 年	2015 年	2016 年	2017 年	2018 年
收入	40.09	54.50	63.17	73.72	73.38
第四季度收入	14.05	16.65	23.32	28.91	29.54
第四季度收入占比	35%	31%	37%	39%	40%

数据来源:wind。

有些医药制造业企业会在第四季度集中向市场铺货,为下年第一季度到来的

春节做好供应准备，比如东阿阿胶这样生产滋补中药的企业。同时，冬季也是心脑血管疾病和呼吸系统疾病高发的季节。但是更为普遍的原因是，第四季度是一年当中的业绩冲刺季，是新一年起承转合的关键季度，也肩负着对销售团队全年业绩完成的奖励工作，这就导致第四季度的费用管理具有一定挑战性，合理的收入增幅也为公司的财务安排提供保障。从整个板块过去三年看，第四季度的特殊性一直存在。

但对于原料药企业、季节性用药不明显的药品生产企业，或者规模非常大的企业来讲，第四季度效应是不明显的，有的会有自己独特的季节波动规律。

四、如何通过应收账款了解收入

在商品交易中，卖方企业有两种收款方式，一种是现销给买方；另一种是给予买方企业一定的赊账期限，其在规定时间内偿付即可。随着信用经济的不断发展，如果卖方的产业链竞争力弱，或卖方为了迅速扩大销售规模，信用赊销即成为企业的必然选择，信用赊销即体现为企业的应收款项。

在医药行业中，医疗机构或医保部门是医药产品的主要购买方，具有一定的主导权，其付款的周期对上游的商业和工业企业应收账款形成较大影响。除此之外，医药工业企业如果希望快速占领市场，或是销售团队为了完成销售目标都会促使工业企业向商业渠道压货。同时，如果企业产品的销售出现问题，如遇到了强有力的竞争或销售团队管理不佳，也会导致应收款项周转周期延长。

表1-3为某制药企业2015—2017年的收入与应收账款情况。其在2016年年中出现了营业收入下滑的问题。公司在下半年做了营销改革，通过给下游更长的应收账款账期以及其他一系列举措，使公司的收入在第二年得到了改善。可以看到其应收账款在2016年下半年大幅增长。

表1-3 某制药企业利润表摘要

单位：万元

报告期	2017-12-31 年报	2017-06-30 中报	2016-12-31 年报	2016-06-30 中报	2015-12-31 年报	2015-06-30 中报
营业总收入	255,851.46	117,875.58	180,611.02	92,525.13	206,562.71	108,806.56
同比（%）	41.66	27.40	-12.56	-14.96	9.31	12.68

第一章　利润表

续表

报告期	2017-12-31 年报	2017-06-30 中报	2016-12-31 年报	2016-06-30 中报	2015-12-31 年报	2015-06-30 中报
应收账款	50,973.88	43,225.79	35,669.98	25,920.64	22,739.22	29,847.82
同比（%）	42.90	66.76	56.87	-13.16	5.35	36.96
应收账款周转天数	60.96	60.24	58.21	47.33	38.62	42.54
同比（%）	4.72	27.28	50.73	11.26	1.87	14.08

数据来源：wind。

我们一般用应收账款周转率来表示应收账款占收入的比例，2016—2018年医药行业的应收账款周转率在4~6次/年；应收款项（应收账款与应收票据合计）的周转率在3.5~5次/年，细分行业差异较大。

应收账款的增加或减少很难通过对财务报表的分析查清特定的原因。应该与企业现金流量表中的经营性活动现金流入、坏账准备等一起结合来看，观察应收账款对收入的影响。本书第九节将对医药行业的应收账款进行详细讨论。

五、有什么与收入相关的勾稽关系

财务报表中存在一些表内勾稽关系，比如"营业收入-成本与费用=利润""资产=负债+所有者权益"等，还有涉及不同报表之间的勾稽关系，通过对勾稽关系的考察和核对，可以对公司的业务以及报表是否有人为操纵等有更深入的认识。

利润表中的"营业收入"=现金流量表中"销售商品、提供劳务收到的现金"-资产负债表中"应交增值税（销项税额）"当期发生额-"应收账款"的减少额-"预收账款"的增加额+当期计提的"坏账准备"。这是一个非精确勾稽关系，需要注意应收票据对等式的影响。对于这一勾稽关系的深入讨论见本书第十六节。

其中，"（销售商品、提供劳务收到的现金-增值税销项税）/营业收入"可用来表示营业收入的现金含量，用来评价企业的现金收取能力，由于利润表的营业收入是不含税的，所以现金流量表中"销售商品、提供劳务收到的现金"需要把增值税扣除。需要说明的是，企业披露的财务报表附注一般不披露当期发生的增值税销项税额，因此增值税销项税额只能匡算，具体见本书第五节。如果营业收入的现金含量是比较高的，说明企业收入回款质量较高，企业的运营风险较低。

六、关联交易有何利弊

在企业财务和经营决策中，如果一方控制、共同控制另一方或对另一方施加重大影响，以及两方或两方以上同受一方控制、共同控制或重大影响的，构成关联方。关联交易事项在财务报表附注中会有披露，是影响企业收入质量的另一个核心关注点，关联交易会通过营业收入、营业外收入、费用、投资收益等不同方面来影响企业的利润。

关联交易从客观上来讲并非一定有害，如果交易双方是关联方，交易的效率可能更高、持续性也更好。但由于关联交易的价格等可能出现非公允性，公司控股股东可能进行利益输送，也可能对中小股东权益造成侵犯。所以其是监管机构和审计机构非常关注的事项。

如上市制药公司舒泰神与上市 CRO 公司昭衍新药是关联方。昭衍新药上市时曾作出承诺："对于必须由 GLP 认证机构完成的安全性评价等业务以外的药物筛选或临床试验等医药外包服务，舒泰神不委托昭衍新药、昭衍新药也不接受舒泰神之委托。" 2020 年 7 月舒泰神发布《关于豁免相关承诺的公告》，意对减少和规范与昭衍新药的关联交易的相关承诺作出豁免。公告发布后，深交所下发问询函，要求舒泰神说明关联交易金额及违反原承诺发生相关交易的原因及合理性。

紫鑫药业 2010 年年报、2011 年半年报业绩曾出现爆发式增长。公司营业收入前五名客户合计为紫鑫药业带来 2.3 亿元收入，占比达到 36%，但在紫鑫药业历年的定期报告中上述公司均未曾露面。上海证券报记者由此调查并发现了公司关联交易问题。

第一章 利润表

表1-4 紫鑫药业利润表摘要

单位：万元

报告期	2012年 年报	2012年 中报	2011年 年报	2011年 中报	2010年 年报	2010年 中报	2009年 年报	2009年 中报
营业总收入	41,850.04	25,360.93	92,761.96	37,035.17	64,241.74	11,360.97	25,628.76	9,824.66
同比(%)	-54.88	-31.52	44.40	225.99	150.66	15.64	14.76	12.29
营业总成本	35,539.41	20,529.11	74,001.24	25,829.46	46,580.75	8,743.32	18,732.51	7,552.51
营业利润	6,553.63	5,057.82	19,346.72	11,765.71	17,856.99	2,617.65	6,896.26	2,272.15
同比(%)	-66.13	-57.01	8.34	349.48	158.94	15.21	8.62	1.99

数据来源：wind。

紫鑫药业隐瞒上下游关联关系进行体内自买自卖。公司的第二大客户千草药业实为紫鑫药业间接控制的子公司，第一大客户平大生物和第三大客户正德药业同样也与紫鑫药业及其大股东存在密切关联。而紫鑫药业分布在延边、通化等地的上下游客户亦受同一集团所控制，并最终指向了紫鑫药业实际控制人。紫鑫药业受到监管部门处罚，受损投资者通过诉讼获得部分赔偿。

七、如何识别收入造假

2019年12月31日，中国注册会计师协会修订发布《中国注册会计师审计准则问题解答第4号——收入确认》，该文件对上市公司财务舞弊中收入舞弊的18种手段进行归纳，同时详细列示了如何识别上市公司40种收入舞弊的迹象。表1-5列举了医药行业常见的三种收入舞弊行为。

表 1-5　医药行业常见的三种收入舞弊行为

类型	说明	虚构收入的相关的虚增资产或虚减负债
1. 虚构销售交易	（1）通过与其他方（包括已披露或未披露的关联方、非关联方等）签订虚假购销合同，虚构存货，并通过伪造出库单、发运单、验收单等单据，以及虚开商品销售发票虚构收入。 （2）在多方串通的情况下，通过与其他方（包括已披露或未披露的关联方、非关联方等）签订虚假购销合同，并通过存货实物流转、真实的交易单证票据和资金流转配合，虚构收入。	（1）通过虚假预付款项套取资金用于虚构收入的货款回笼。 （2）虚增长期资产采购金额。被审计单位通过虚增对外投资、固定资产、在建工程、无形资产、开发支出等购买金额套取资金，用于虚增收入的货款回笼。 （3）通过被投资单位套取投资资金。被审计单位将资金投入被投资单位，再从被投资单位套取资金用于虚构收入的货款回笼。 （4）通过对负债不入账或虚减负债套取资金。例如，被审计单位开具商业汇票给子公司，子公司将票据贴现后用于货款回笼。 （5）伪造回款单据进行虚假货款回笼，采用这种方法通常会形成虚假货币资金。 （6）对应收账款/合同资产不当计提减值准备。 （7）被审计单位实际控制人或其他关联方将体外资金提供给被审计单位客户或第三方，客户或第三方以该笔资金向被审计单位支付货款。
2. 进行显失公允的交易	（1）通过未披露的关联方或真实非关联方进行显失公允的交易。 （2）通过出售关联方的股权，使之从形式上不再构成关联方，但仍与之进行显失公允的交易，或与未来或潜在的关联方进行显失公允的交易。 （3）与同一客户或同受一方控制的多个客户在各期发生多次交易，通过调节各次交易的商品销售价格，调节各期销售收入金额。	
3. 对于属于在某一时段内履约的销售，通过高估履约进度的方法实现当期多确认收入		

我们以尔康制药为例来说明。尔康制药是国内药用辅料的龙头企业,生产从片剂到口服液各类剂型的药用辅料。2012年国内由于河北毒胶囊事件爆发,之后胶囊及其原料成为药用辅料里利润率较高的产品门类,公司将改性木薯淀粉胶囊作为核心产品发展。自2014年起,公司在柬埔寨的木薯淀粉子公司投产,之后就逐渐成为公司业绩增长的主力,2016年收入6.92亿元,占合并报表的近30%,净利润占合并报表的60%以上。

表1-6 尔康制药在木薯淀粉募投项目中的收益

单位:万元

年份	承诺投资项目和超募资金投向	调整后投资总额(1)	截至期末累计投入金额(2)	截至期末累计投入进度(3)=(2)/(1)	项目达到预定可使用状态日期	本报告期实现的效益
2016	年产18万吨药用木薯淀粉生产项目	14,409.28	14,415.73	100.00%	2014.03.31	61,560.67
2015		14,409.28	13,964.81	96.92%	2014.03.32	27,652.13
2014		14,409.28	13,964.81	96.66%	2014.03.33	1,614.86

数据来源:公司公告。

2016年有专业投资者开始质疑公司收入的真实性:一是根据尔康制药公布的关于"年产18万吨药用木薯淀粉"可行性研究报告,该项目投资年利润率为31.45%,但两年后总投资收益率高达427.08%。二是中国海关的改性淀粉进口数据和公司所提供的显示出巨大差异。三是作为国内最大的胶囊辅料生产企业之一,改性淀粉在国内一直没有知名的大客户,无法支持公司的销售数据。四是公司的固定资产及在建工程数据夸张,是公司业绩有问题的指征。后来随着市场对公司业绩真实性的群体性质疑,证监会开始调查,证实了公司业绩造假,虚构收入与利润。

所以当企业销售情况与所处行业状况不符、与新成立的客户发生大量或大额的交易、与关联方或疑似关联方客户发生大量或大额交易、销售回款出现异常、公司的利润增长异常、资产科目金额增长异常等需要投资人提高警惕,考察企业是否存在收入舞弊情况。

在考察过程中,可以使用的方法有:一是将毛利率、应收账款周转率、存货周转率等指标与可比期间数据、同行业其他企业数据进行比较。二是分析销售收入与投入产出率、劳动生产力、产能、运输数量、用电量、用水量等非财务数据之间的关系。三是从企业上下游或竞争公司披露的数据验证收入的真实性。

收入与利润的异常增长一定会导致资产负债表资产的虚增或负债的虚减，笔者将在之后关于资产负债表的章节详细介绍。

第二节　成本

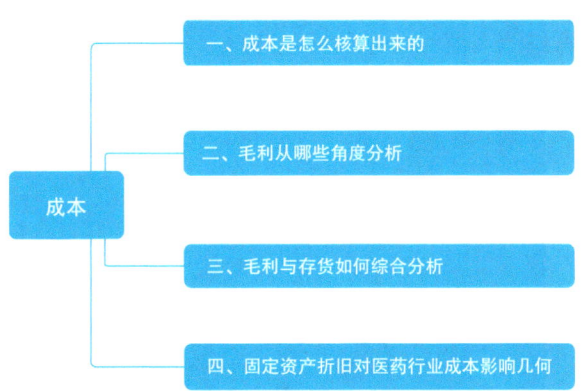

主营业务收入与主营业务成本之差为毛利。一门生意是不是好生意，首先要看毛利率，通常越高的毛利率代表越高的行业门槛。医药行业是一个传统的高毛利率行业。医药制造业的毛利率有多高呢？

随着一致性评价逐步推进，2019年国家医疗保障局等部门开始对医院使用的部分重点药品进行国家集中带量采购，中标产品不需要在每个省份参与招投标，而获得全国市场的一定份额。前两批带量采购涉及57个品种，总体的价格与2018年最低采购价相比降低幅度约为60%，部分品种的降价幅度超过了90%。如国内仿制药市场规模居前的降血脂药阿托伐他汀2018年在我国的销售额是137亿元，按照带量采购价格计算，市场规模缩减至约5亿元；大品种氯吡格雷的市场规模也由之前的120多亿元下降为20多亿元。

即使是这样，这些大型中标企业仍然是盈利的，这反映了这些产品的毛利率情况。具有独家特性的药品毛利率可能超过90%；对于适度竞争的产品，毛利率水平可能在70%以上。对于大幅降价销售，某中标企业负责人表示："价格降下来对原有利润肯定是有影响的，但企业通过带量采购节省了大量的销售费用，也挣到了量，产量大了，生产线利润率就高了，规模效应也就体现出来了。此外，公摊费用也会减少，这些对减少企业成本都是有利的。"即企业可以通过降低可变生产成本来获得更多的利润。

主营业务成本是指公司生产和销售与主营业务有关的产品或服务所必须投入的直接成本，主要包括原材料、人工成本（工资）和固定资产折旧等。本书中的成本即指主营业务成本。

对于医药制造业来讲，其主营业务成本除了可按固定成本、可变成本来分类，更为常见的是分为直接人工、直接原材料与制造费用，制造费用是指在制造过程中涉及的需要按比例计算的材料与人工、固定资产折旧费用、燃料等其他制造费用等。这里产生折旧的固定资产主要是指生产、仓储、采购部门的固定资产，如生产大楼、设备等。

表 1-7 贝达药业主营成本构成

单位：元

行业分类	项目	2018 年		2017 年		同比增减
		金额	占营业成本比重	金额	占营业成本比重	
医药制造	原材料	41,941,566.71	60.79%	27,309,782.61	62.49%	53.58%
医药制造	人工工资	11,579,275.33	16.78%	8,137,232.49	18.62%	42.30%
医药制造	折旧	8,188,376.75	11.87%	4,585,692.44	10.49%	78.56%
医药制造	能源和动力	2,340,565.28	3.39%	789,653.99	1.81%	196.40%
医药制造	其他	4,939,450.45	7.16%	2,880,888.87	6.59%	71.46%

数据来源：公司年报。

一、成本是怎么核算出来的

"存货"是资产负债表当中的一级科目，是指企业在生产经营过程中储存的各种有形资产，由库存商品、在产品、原材料等构成。

在销售达成收入确认时，资产负债表中对应的存货就少了，会计将对应存货的减少来表示成本的增加，即将存货中库存商品结转到主营业务成本中去。

那么存货中结转出的库存商品价值如何计算呢？假设我们要核算某阿胶企业阿胶块的生产成本，企业投入阿胶原料可能生产阿胶块、阿胶糕、阿胶浆，需要将企业投入的原材料、人力、制造费用等要素归集分配给不同的产品；同时，阿胶块有部分还在制造过程中，有些已经是产成品，则需要将生产费用在完工产品与在产品之间归集和分配。最后是对阿胶块成品中销售出去的部分进行成本结转。具体的成本核算方法有品种法、分批法、分步法、定额法等。医药企业由于产品种类较为复杂，生产工序多，原料清点难度大等原因，成本准确核算的难度较高。

对于结转至成本的存货，其有不同的存货发出计价方式，如先进先出法、加权平均法（包括全月一次加权平均法和移动加权平均法）、个别计价法等方法确定其实际成本。如这个阿胶企业本月共购进三批等量原料并生产，药材价值分别为 A、B、C 元，分别在 A、C 批进货后售出产能 1/3 的产品；如使用先进先出法，则本月发出产品的原料成本为 A+B；如使用加权平均法，成本为（A+B+C）×2/3；如使用移动加权平均法，则成本为 A+（B+C）/2；由此可以看出他们的差异。存货不同的计价方式会影响利润表中的主营业务成本。国内医药上市公司超过 90% 的公司使用加权平均法。

华东医药是浙江省一家大型的医药集团，2016 年初，华东医药审议通过了《关于变更公司发出存货计价方法的议案》，对发出库存商品计价由先进先出法变更为加权平均法。原因是公司认为目前销售量大，商品品种繁多，存货周转快，采用追溯调整法不切实可行，故采用未来适用法。

表 1-8　华东医药存货计价方法变更后对毛利的影响

单位：万元

利润表摘要	2017-12-31	2016-12-31	2015-12-31	2014-12-31	2013-12-31
营业总收入	2,783,182.31	2,537,966.75	2,172,738.35	1,894,737.91	1,671,798.64
同比（%）	9.66	16.81	14.67	13.34	14.67
归属母公司净利润	177,950.61	144,659.17	109,691.24	75,666.94	57,497.59
同比（%）	23.01	31.88	44.97	31.60	22.35
销售毛利率（%）	26.12	24.27	23.98	21.98	20.20

数据来源：wind。

二、毛利从哪些角度分析

1. 毛利率的合理性

企业的毛利率体现着其业务模式和竞争优势。

医药商业主要分为批发和纯销,纯销客户多为终端医院,商业销售活动更为复杂,毛利率高于批发业务。表 1-9 为 A 股主要的医药商业企业医药商业业务 2016—2018 年的毛利率情况。商业批发业务占比较高的上海医药、南京医药等平均毛利率不足 7%,纯销业务占比较高的瑞康医药、同济堂、嘉事堂等平均毛利率超过 10%。

如果我们单独看药品的流通业务,即剔除高毛利的器械流通业务,2016—2018 年瑞康医药的平均毛利率为 12.08%;而同济堂的药品平均毛利率达到 14.02%。即同济堂是我国医药流通上市企业中药品业务毛利率偏高的公司。

但同济堂 2018 年的年报显示其 2016 年、2017 年、2018 年的批发业务占公司主营业务收入的比例分别为 86.12%、85.83%、85.99%,即同济堂是以批发业务为主的,则较高的毛利与其业务匹配性不佳,需要对公司业务进行更深入的了解来考察其毛利率的合理性。

表 1-9　A 股主要的医药商业企业医药商业业务 2016—2018 年的毛利情况

单位：亿元

证券简称	平均商业收入	平均毛利率（%）	证券简称	平均商业收入	平均毛利率（%）
上海医药	1,274.03	6.88	柳药股份	95.74	9.93
九州通	742.12	8.30	瑞康医药	242.77	17.75
国药股份	294.70	8.02	南京医药	284.99	6.27
国药一致	418.78	11.25	同济堂	98.98	14.01
中国医药	187.82	7.36	嘉事堂	143.90	10.28
海王生物	245.09	12.14	英特集团	188.86	6.11
重药控股	236.78	9.10	鹭燕医药	89.41	7.74

数据来源：wind,其中重药控股使用 2017 年、2018 年数据。

2. 成本的构成

比较同类型企业的成本构成,有助于对企业业务有更深入的了解。爱尔眼科与通策医疗分别为我国眼科与齿科的民营医疗机构代表性企业,它们近几年的毛利水平都在40%~50%,较为接近,但是成本构成却差异较大,具体如表1-10、表1-11所示。

表1-10 爱尔眼科2018年利润表成本构成情况

单位:元

行业分类	项目	2018年		2017年		同比增减
		金额	占营业成本比重	金额	占营业成本比重	
医疗行业	医用材料	2,165,534,948.53	51.02%	1,695,936,231.08	52.95%	-1.93%
	人力工资	1,278,017,205.81	30.11%	882,780,032.15	27.56%	2.55%
	折旧	193,406,086.16	4.56%	146,808,001.90	4.58%	-0.02%
	房租及摊销	420,797,529.37	9.91%	359,866,718.32	11.24%	-1.33%
	其他	184,877,720.01	4.36%	115,345,196.81	3.60%	0.76%

数据来源:公司年报。

表1-11 通策医疗2018年成本构成情况

单位:元

分行业情况						
分行业	成本构成项目	本期金额	本期占总成本比例(%)	上年同期金额	上年同期占总成本比例(%)	本期金额较上年同期变动比例(%)
医疗服务	医疗材料成本	244,184,275.91	27.85	202,530,667.65	29.28	20.57
	人力成本	470,696,265.60	53.69	375,352,314.62	54.26	25.40
	折旧	22,522,777.50	2.57	20,538,832.06	2.97	9.66
	租赁及物业费	49,338,247.57	5.63	42,573,727.87	6.15	15.89
	装修费摊销	28,671,021.80	3.27	25,329,237.84	3.66	13.19
	其他	12,745,982.16	1.45	6,877,645.11	0.99	85.32
	小计	828,158,570.54	94.46	673,202,425.15	97.32	23.02

续表

分行业	成本构成项目	分行业情况				
		本期金额	本期占总成本比例（%）	上年同期金额	上年同期占总成本比例（%）	本期金额较上年同期变动比例（%）
产品销售	商品成本	47,778,575.07	5.45	17,696,133.44	2.56	169.99
其他	服务成本			169,811.32	0.02	不适用
合计		875,937,145.61	99.90	691,068,369.91	99.90	26.75

数据来源：公司年报。

2018年爱尔眼科的人力工资占成本比例为30.11%，而通策医疗为53.69%；爱尔眼科的医用材料占比为51.02%，而通策医疗为27.85%。这说明通策医疗提供的医疗服务对医生更加依赖，医生做口腔治疗需要长时间一对一的服务，这个成本是刚性的，企业的发展受限于符合其要求的医生群体的扩张水平；而爱尔眼科所提供的部分眼科医疗服务中医生成本占比并不高，其成本结构似乎更接近制造业，眼科医生对其"产能"扩张的影响相对要小一些。

从两家企业近几年的发展也可以看出，爱尔眼科实现了更快的门店扩张，并且随着规模增大，采购的规模优势也日益显现，毛利率呈现日益提升的态势。而通策医疗的成本结构决定了其竞争更激烈、规模优势更难显现。

3. 毛利率的稳定性

某生物药企业产品线较为丰富，但一个主要盈利品种对净利润的贡献超过50%，且毛利率较高，超过90%。

从图1-1可以发现，企业的毛利率过去10年在下降，但较为平稳，2016—2018年的季度毛利率变化却非常陡峭，单个季度的毛利率变化可达30%。为什么一个季度会有这么大的变化？

公司过于倚重的主要产品原料药发酵物是部分自产、部分外购，其成本是有差异的，企业的毛利会因为自产比例不同而变化较大。这样的企业财务情况很难谈得上健康，更难去准确预测。

第一章 利润表

图1-1 A股某生物制药企业近10年的毛利率和净利率情况

数据来源：wind。

三、毛利与存货如何综合分析

成本的核算来源于存货，毛利的分析离不开对存货的深入了解。

1. 毛利率与存货周转率

企业的毛利率需与存货周转率结合来看，一般情况下，毛利率的变化与存货周转率变化存在一定的正相关关系。

企业存货周转率提升，即存货增长速度低于销售增长速度，说明企业产品销售情况较好。如果是由于产品竞争力提升，则毛利率会维持或提升；如果是主动去库存，则毛利率会出现降低后回升的情况。

存货周转率下降，即存货增长速度超过销售增长速度，说明企业产品的销售情况并不乐观。在周转资金增加的压力下，企业可能会选择给下游让利，其毛利率应该下降或者维持，毛利率持续增长并不符合常理。如果是由于提价导致的毛利率提升、存货周转率下降，则基于产品良好的竞争优势，随着提价逐步完成，存货周转率会逐步回升。

如图1-2所示，康美药业2013—2017年的存货周转率在持续下降，但毛利率却在持续提升，这就是其财务造假的一个重要预警信号。

除了关注总体的存货周转率，还可以关注分项存货周转情况以及存货资金周转率，具体可参见本书第十节内容。

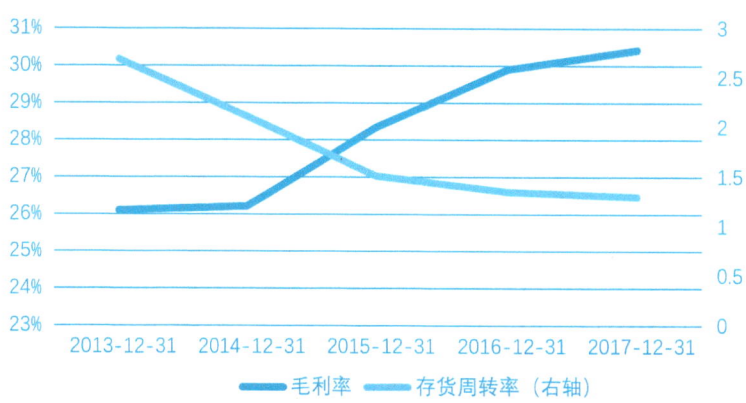

图1-2 康美药业2013—2017年的毛利率以及存货周转率

数据来源：公司公告。

2. 存货中的"在产品"与"半成品"科目

由于企业的成本核算是要把当期投入的原材料、制造费用、人工等成本在已经完工产品（产成品）和未完工产品（在产品、半成品）进行分配，则投入在完工产品与未完工产品的分配影响了成本的准确性。

如我武生物2018年在收入增长29.87%的情况下成本上涨了102.46%，毛利率从2017年的96.35%下降至94.30%，其原因为企业2018年半成品生产车间进行了GMP复认证，使半成品产量减少，导致产成品分摊费用增加，从而导致成本上涨。

3. 存货中的"发出商品"科目

企业的成本可能隐匿在"在产品"中，也可能隐匿在"发出商品"中，发出商品是指企业对于已经发出但尚未确认销售收入的商品成本。如果企业持续少结成本增加利润，存货会持续增加，为了应对审计机构的盘点，部分企业就会增加"发出商品"等盘点难度较大的科目金额。

深交所在对尔康制药的2018年年报问询函中提到尔康制药2018年发出商品7,081.52万元，同比增长237.18%，要求其按产品类别结合销售模式、收入确认政策说明发出商品大幅增长的原因及合理性。

四、固定资产折旧对医药行业成本影响几何

1. 固定资产折旧在成本中的占比

不同部门的折旧是分别计算的，企业基本生产所使用的固定资产，如厂房、

车间、设备等折旧计入成本中的制造费用;管理部门所使用的固定资产,其折旧计入管理费用;销售部门所使用的固定资产,其折旧计入销售费用;研发无形资产时使用的固定资产,其折旧计入研发费用。

由于企业是不单独披露成本中折旧费用的,我们可以从行业数据中做一观察。总体来讲,2/3 的折旧摊销都是计入成本的。

表 1-12 医药行业折旧摊销对成本的影响

单位:亿元

折旧摊销费用	2016 年	2017 年	2018 年
医药行业折旧摊销合计	249.00	305.97	370.22
其中:折旧摊销——计入管理费用	73.71	88.70	105.01
占比	30%	29%	28%
折旧摊销——计入销售费用	10.67	16.33	22.28
占比	4%	5%	6%
折旧摊销——计入成本(估计)	164.62	200.94	242.93
占比	66%	66%	66%

数据来源:wind。

主营业务成本中折旧费用占比并不高,一般不超过 5%。但要注意医药企业大规模在建工程转为固定资产投入使用后,短期对利润的冲击。

2. 恒瑞医药的选择

在目前的会计准则下,固定资产折旧的方式有四种:一是直线法(年限平均法),绝大多数上市公司都采用该方法;二是工作量法,适合按工作量折合使用寿命的设备;三是年数总和法;四是双倍余额递减法。上市公司一般不选用年数总和法和双倍余额递减法,因为他们是加速折旧的方法。

与直线法相比,年数总和法的折旧在头几年占比非常高,而最后几年又很少。什么固定资产适合这种折旧法呢?一是产品更新换代较快的;二是高耗损的设备。

恒瑞医药的机械设备就采用了年数总和法,这不但在医药行业中少见,在整个市场中都比较少见。

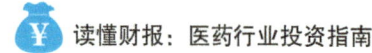

表1-13 恒瑞医药折旧方法

类别	折旧方法	折旧年限（年）	残值率	年折旧率
房屋及建筑物	年限平均法	20	5%	4.75%
机器设备	年数总和法	10	5%	$t/(n(n+1)/2)$
运输设备	年限平均法	4	5%	23.75%
电子设备	年限平均法	3	5%	31.67%
办公家具	年限平均法	5	5%	19.00%

机器设备采用年数总和法，年折旧率=尚可使用年限/折旧年限的年数总和。

式中：t 为尚可使用年限，n 为折旧年限，$n(n+1)/2$ 为折旧年限的年数总和。

数据来源：公司年报。

第三节　管理费用与研发费用

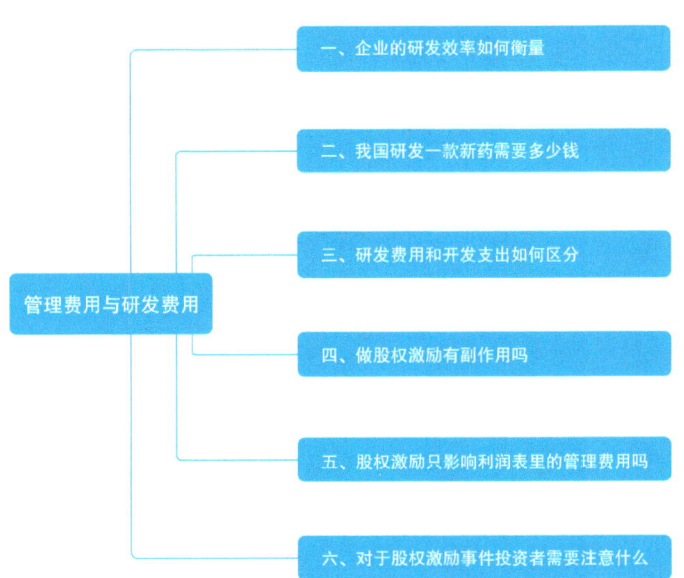

2017年，是中国医药行业的分水岭。这一年，制药行业全面推行一致性评价，处处风声鹤唳，大量的药品批件开始贬值，更多的批件是逐渐消失。做仿制或者轻度创新第一次面临非死即生的战略命题。这一年，FDA批准默克的Keytruda联合化疗方案，用于转移性非鳞状非小细胞肺癌（NSCLC）患者的一线治疗，其显著的疗效令全球制药行业对创新给予了更大的包容。中国医药行业也开始为创新买单。恒瑞医药的市值在这样的历史背景下一骑绝尘，成为中国最具影响力的制药航母，在2018年的市值已经超过3000亿元，两倍于第二名。恒瑞的卓越依靠什么？很重要的一部分是长期远高于市场的研发投入。

之前，研发费用是计入管理费用的。2018年财政部颁发《财政部关于修订印发2018年度一般企业财务报表格式的通知》，将研发费用从管理费用中独立出来核算。目前管理费用中主要是工资薪酬、折旧摊销等，近些年来，股权激励的占比愈大。

1952年，美国辉瑞制药推出了世界上第一个股权激励计划，初衷是为了避免高管过高的现金工资带来的高额个人所得税，从而将薪酬一部分作为股权发放。医药行业是人力密集型行业，目前股权激励非常普遍，一般采用限制性股票（Restricted stock award）、期权（Option）、受限股票单元（RSU）、股票增值权

（SAR）等形式。截至2018年底，我国医药行业有近五成的公司进行了激励，除了期权激励、限制性股票计划，灵活的员工持股计划也受到青睐。

本节着重讨论医药行业的研发费用以及管理费用中涉及股权激励的部分。折旧、无形资产摊销将在本书第十一节、第十二节里讨论。

一、企业的研发效率如何衡量

广义的研发支出需要从多个科目分析，包括利润表的"研发费用"、资产负债表的"开发支出""无形资产""商誉"等，既包括企业内部的研发支出，也包括通过外部引进技术及产品线的支出，反映了企业通过内部及外部资源增加企业产品竞争力的投入。而狭义的研发支出主要是指"研发费用"和"开发支出"，其中"研发费用"是费用化的研发支出，"开发支出"是资本化的研发支出。

一般大家会使用研发支出/收入这个比值来衡量企业的研发投入力度，也可以反映研发效率。

表1-14是大家常常会提及的中美医药企业研发支出/收入的比较。总体来说，中国医药工业研发投入占收入比例约5%，美股上市医药企业的这一数据超过20%，如果把收购外部资产计算进来，美股上市医药企业的研发投入更高。这一比值差异反映出中国制药业所处阶段其研发投入产出比是比较高的。但随着国内仿制药红利期的结束，国内的研发投入占比在持续增加。

表1-14 2016年中国与全球制药巨头研发投入差距

企业名称	营业收入（亿元）	研发支出（亿元）	研发支出/营业收入	企业名称	企业总部	营业收入（亿美元）	研发支出（亿美元）	研发支出/营业收入
中国生物制药	158.25	15.99	10%	Roche	瑞士	505.76	115.32	23%
恒瑞医药	110.94	11.84	11%	J&J	美国	718.90	90.95	13%
复星医药	146.29	11.06	8%	Novartis	瑞士	485.15	90.39	19%
海正药业	97.33	7.75	8%	Pfizer	美国	528.00	78.72	15%
上海医药	1,207.65	6.71	1%	Merk	德国	398.07	71.94	18%
科伦药业	85.66	6.13	7%	AstraZenca	英国	230.03	58.90	26%
健康元	97.22	6.09	6%	Sanofi	法国	356.01	54.44	15%
人福医药	123.31	5.02	4%	Eli Lilly	美国	212.22	52.44	25%

续表

企业名称	营业收入（亿元）	研发支出（亿元）	研发支出/营业收入	企业名称	企业总部	营业收入（亿美元）	研发支出（亿美元）	研发支出/营业收入
丽珠集团	76.52	4.75	6%	Gilead	美国	303.90	50.98	17%
天士力	139.46	4.40	3%	BMS	美国	194.27	49.40	25%
平均	224.26	7.97	6%		平均	393.23	71.35	19%

数据来源：公司年报。

学术界对于医药企业研发效率计算有更加严谨的模型，如数据包络分析法（DEA）、Malmquist生产率指数、随机前沿分析法等。其中DEA是在相对效率概念的基础上，应用多指标投入和多指标产出方法，用线性规划进行有效性测度的一种方法，相较于随机前沿法，其在处理多单元的输入和产出的效率有效性评价方面具有一定的优势。

通常衡量研发投入除了使用研发支出指标外，还会使用研发人员数量、研发人员全时当量、新增研发固定资产投资等指标；研发产出除了使用收入指标外，还会使用新产品收入、专利申请量、利润、市值等。

二、我国研发一款新药需要多少钱

国外关于新药开发的成本有很多研究，一种流行的说法是平均超过10亿美元。这个数据计算时考虑了研发期间的资金成本及同时期其他失败药物的机会成本，直接费用可能不需要这么多。国内的创新药开发热潮于近10年兴起，近几年创新药逐步上市，国内新药的成本数据也逐渐多起来。复星医药和恒瑞医药是我国制药领域较为优秀的企业，可以从他们的研发管线中来了解现在的市场情况。这些是新的药审政策之前的数据，只说明过去，不可预测未来。

1. 生物药

从复星医药的生物药研发来看，单抗是国内开发成本最高的品类之一。下文以利妥昔单抗（抗CD20单抗）以及PD-1单抗为例来说明生物药的研发投入，利妥昔单抗以及PD-1单抗分别代表生物类似物和创新药。

利妥昔单抗临床主要治疗B细胞非霍奇金淋巴瘤，截至2019年底，复星医药此类似物已上市，另有一个适应症在Ⅲ期临床，投入约4.5亿元；神州细胞已递交上市申请，投入约1.5亿元；上海医药在Ⅰ期临床，已投入1.1亿元。

对于 PD-1 单抗来说，国内企业多按照生物创新药进行申报，截至 2019 年底，4 家国内企业的 PD-1 单抗获批上市。君实生物是国内第一家获批的企业，其累计投入超过了 12 亿元，涉及的临床适应症超过 20 项。恒瑞医药有两个适应症获批上市，还有多个适应症在临床实验中，PD-1 投入已超过 7 亿元，其第一个适应症获批投入约 1.7 亿元。复星医药已投入 4.5 亿元，有 5 个与 PD-1 联合用药的临床处于Ⅲ期。

对于生物药来说，由于目前国内企业多是对已经验证过的新药靶点进行开发，临床前开发费用并不高，临床试验，尤其是Ⅲ期临床试验投入较大。复星医药是国内 10 年前单抗第一批起步的企业，当时 CMC（药物生产与控制）并不成熟，部分品种临床前开发费用超过 5000 万元，而现在随着单抗药物产业化的深入，多数药物临床前开发费用大幅下降，CMC 费用降至几百万元，加上临床前毒理评价可能只需 1000 多万元。而临床试验的费用随着新药开发热潮的到来更加昂贵，一个肿瘤药物临床试验甚至需要投入几千万至几亿元不等。

2. 化药创新药

从某种程度上来说，相对大分子生物药，部分小分子化学药的专利壁垒更高，化学创新药物的研发投入差别会较大。如恒瑞的阿帕替尼、瑞格列汀的整个研发投入均超过 1 亿元，吡咯替尼因与 GSK 拉帕替尼进行头对头的临床研究，研发投入甚至达 5.2 亿元。

3. 化药仿制药

在化学药新药改革之前，3 类仿制药（国内未上市药品仿制）的研发费用在 500 万元左右。化药 6 类仿制药（国内上市药品仿制）的研发费用过去一般都在 200 万元以下，小企业生产的品种 100 万元以下很常见。但恒瑞医药开发沙美特罗替卡松仿制药，投入超过了 3000 万元，因为干粉吸入制剂的开发难度远高于一般制剂。

在实施仿制药一致性评价政策之后，生物等效性评价的成本一般在 500 万元左右，不超过 1000 万元，过去 6 类仿制药低于 100 万元开发投入的时代已经一去不复返了。

4. 中药新药

中药新药的研发也需要投入几千万元。不过近年来中药新药的开发景气度并不高。

第一章 利润表

表 1-15 复星医药 2018 年研发项目投入

单位：万元

研发项目	注册分类	研发（注册）所处阶段	进展情况	累计研发投入	已申报的厂家数量	备注
重组抗 EGFR 人源化单克隆抗体注射液	治疗用生物制品 1 类	临床研究	I 期临床	9,726.50	1	生物创新药
重组抗 VEGFR2 全人单克隆抗体注射液	治疗用生物制品 1 类	临床研究	I 期临床	7,659.20	1	生物创新药
重组抗 PD-1 人源化单克隆抗体注射液	治疗用生物制品 1 类	临床研究	I 期临床	9,844.20	1	生物创新药
FC-110	原化药 1.1 类	临床研究	I 期临床	5,403.57	1	小分子创新药
FC-102	原化药 1.1 类	批准临床	I 期临床	3,962.21	1	小分子创新药
FCN-437	化药 1 类	批准临床	I 期临床	4,831.34	1	小分子创新药
PA-824	原化药 1.1 类	批准临床	I 期临床	3,086.78	1	小分子创新药
FN-1501	化药 1 类	批准临床	I 期临床（美国、澳大利亚）	5,588.54	1	小分子创新药
FCN-159	化药 1 类	批准临床	I 期临床	2,216.08	1	小分子创新药
Orin-1001	化药 1 类	批准临床	I 期临床（美国）	3,680.68	1	小分子创新药
重组人鼠嵌合抗 CD20 单克隆抗体注射液	治疗用生物制品 2 类	申报生产	上市审评审批	44,466.69	13	生物类似药
注射用重组抗 HER2 人源化单克隆抗体	治疗用生物制品 2 类	临床研究	III 期临床	52,262.92	12	生物类似药
重组抗 TNFα 全人单克隆抗体注射液	治疗用生物制品 2 类	申报生产	I 期临床	19,648.89	>20	生物类似药

续表

研发项目	注册分类	研发（注册）所处阶段	进展情况	累计研发投入	已申报的厂家数量	备注
重组抗 VEGF 人源化单克隆抗体注射液	治疗用生物制品 2 类	临床研究	Ⅰ期/Ⅲ期临床	27,736.23	>20	生物类似药
重组赖脯胰岛素及注射液	治疗用生物制品 15 类	临床研究	Ⅲ期临床	11,388.77	2	生物类似药
重组人胰岛素及注射液	治疗用生物制品 15 类	临床研究	Ⅲ期临床	6,959.66	4	生物类似药
重组甘精胰岛素及注射液	治疗用生物制品 15 类	临床研究	Ⅲ期临床	7,908.22	4	生物类似药
芍药舒筋片	中药 6 类	临床研究	Ⅱ期临床	4,277.06	1	中药创新药
固冲颗粒	中药 6 类	临床研究	Ⅲ期临床	4,983.59	1	中药创新药

数据来源：公司年报。

三、研发费用和开发支出如何区分

美国、欧洲的一些国家，医药企业的研发支出是非常保守地全部费用化的。某些国家，比如日本是全部资本化的。国际会计准则和我国对研发支出都是有条件的资本化。其条件是：研究阶段（研发初期）发生的支出在发生时都计入当期损益；开发阶段（研发后期）的支出，符合一定条件时资本化计入开发支出，其中很重要的一个条件是完成该研发在技术上具有可行性，以便能够使用或出售。具体详见本书第十二节内容。

目前国内上市的医药企业有近一半都是从来不进行研发支出资本化的。也有资本化率达 70%以上的。这个资本化条件的设定具有一定的自主性，只要符合会计准则对资本化的要求即可。目前整体上市公司研发投入资本化率不足 20%。

不要小看研发资本化对企业盈余的影响。某生物药企业作为国内疫苗领军企业，其研发开支较大，尤其是近年来开发的肺炎疫苗和 HPV 疫苗都是开发难度较大的产品。其研发支出的资本化有两个标准：研发仿制产品是以取得临床批件作为划分时点；研发创新药以获得临床试验总结报告为划分时点。

表 1-16 某生物医药企业研发支出资本化率变化情况

单位：百万元

项目	2010年	2011年	2012年	2013年	2014年	2015年	2016年	2017年	2018年
研发支出合计	20.22	41.23	66.41	69.11	226.34	267.63	310.95	333.24	380.19
YOY		104%	61%	4%	228%	18%	16%	7%	14%
资本化研发支出	2.49	7.68	37.51	41.66	131.52	35.15	183.73	234.23	254.71
YOY		209%	388%	11%	216%	-73%	423%	27%	9%
资本化率	12%	19%	56%	60%	58%	13%	59%	70%	67%
收入	358.79	473.81	537.56	583.09	719.02	1,006.03	591.00	668.26	879.04
YOY		32%	13%	8%	23%	40%	-41%	13%	32%
净利润	154.42	207.54	225.36	4.88	96.71	-924.65	30.02	-558.24	1,062.69
YOY		34%	9%	-98%	1881%	-1056%	-103%	-1960%	290%

数据来源：公司年报。

其近些年研发支出情况如表 1-16 所示。2011 年，公司获得一项临床批件，研发支出资本化率为 19%。2012 年，公司获得两项临床批件，研发支出资本化率为 56%。2013 年、2014 年公司分别获得两、三项临床批件，资本化率保持稳定，分别为 60%、58%。

值得关注的是 2015 年，公司获得四项临床批件，但研发支出资本化率迅速下降至 13%。同时公司亏损达 9 亿元。亏损是由于公司收购的疫苗流通子公司因为"山东疫苗"事件而被吊销 GSP 证书，形成了巨大的商誉减值。2016 年，公司获得四项临床批件，研发支出资本化率恢复至 60% 水平。2016 年之后公司的资本化率也较为稳定。公司 2015 年研发支出资本化率呈现的异常变化，值得深入研究。

四、做股权激励有副作用吗

表 1-17 是中美两家大型医药公司 CEO 的薪酬构成，2018 年强生公司 CEO 的薪资构成中主要为薪水、股权激励、期权激励、非股权激励计划补偿、递延退

休金等,其中股权和期权支付薪酬占比超过50%,这一薪酬结构在上市公司中具有一定的代表性。国内医药企业高管的薪酬构成,一般为薪水、奖金及股权激励等。表1-18中恒瑞医药总经理近几年薪酬中股权激励占比也远超50%。2014年之后股权激励逐步成为医药上市公司核心的激励方式。

表1-17 强生公司2016—2018年CEO的薪酬及激励情况

单位:美元

Name and Principal Position	Year	Salary	Stock Awards	Option Awards	Non-Equity Incentive Plan Compensation	Change in Pension Value and Non-Qualified Deferred Compensation Earnings	All Other Compensation	Total
Alex Gorsky Chairman/CEO	2018	1,642,308	10,319,463	4,305,594	3,570,497	0	259,710	20,097,572
	2017	1,600,000	12,354,361	5,054,398	3,598,382	6,959,144	236,279	29,802,564
	2016	1,600,000	10,608,901	4,118,398	4,652,556	5,663,771	228,094	26,871,720

数据来源:公司年报。

表1-18 恒瑞医药2018年总经理的薪酬及激励情况

姓名	职务(注)	性别	年龄	任期起始日期	任期终止日期	年初持股数	年末持股数	年度内股份增减变动量	增减变动原因	报告期内从公司获得的税前报酬总额(万元)	是否在公司关联方获取报酬
周云曙	董事、总经理	男	47	2016-5-9	2019-5-8	2,476,204	3,374,065	897,861	二级市场交易、股权激励及年度利润分配	317	否

数据来源:公司年报。

第一章　利润表

但股权激励本身是一把双刃剑，在某些情况下也会对公司产生负向效应。

1. 激励不当对盈利影响较大

激励费用对企业盈利影响明显。如果激励规模较大，企业的管理费用会激增，比如海南海药的期权激励案例。海南海药是国内一家化药生产企业，其在2006年底发布第一期期权激励计划，拟授予公司骨干2000万份股票期权，可在授予日起8年内以行权价格和条件购买公司股票。2007年，公司股价持续上涨，但公司年报却不尽如人意，利润亏损约5000万元，这是由于期权激励第一次行权率达50%，导致公司的期权激励费用达7220万元。当时这一事件备受市场质疑，认为是公司管理层的套利行为，造成了较差的社会影响。这一期权激励不合理有二，一是行权门槛较低，要求公司利润增长年复合约10%；二是允许集中行权，导致第一年分摊的管理费用不合理，应合理安排等待期。

2. 激励失败的风险

股权激励失败会给公司财务造成负担，比如加速确认股权激励费用，可能会增加公司治理难度。万达信息曾是医药信息领域的龙头企业，其失败的员工持股计划成为企业的梦魇。万达信息虽不承担员工持股计划股价下跌的损失，但严重影响了员工积极性。

万达信息于2015年4月披露首期员工持股计划，并于当年6月完成公司股票的购买，而此时是A股牛市的顶部，万达信息首期员工持股计划共购买万达信息股票728万股，总额为10亿元，按照1.5∶1的比例设立优先级份额和次级份额，其中，万达信息员工筹资的4亿元购买的是次级份额。这之后股市跌跌不休，员工持股计划的浮亏不断加深。控股股东上海万豪投资有限公司于2016年1月以自有资金替换了全部6亿元的配资资金，希望能提振市场信心，但首期员工持股计划届满后，其并未像一些公司那样选择延长存续期，而是在2017年7月黯然出售清算，产品出现80%的亏损。

3. 激励方案不合理造成的其他问题

过强的激励会使经营层获得更多的控制权，形成新的委托代理问题；平庸的激励方案多是"福利性"的，而不具有激励性；而有时激励分配不合理是引起管理层与股东之间矛盾的导火索。

五、股权激励只影响利润表里的管理费用吗

在2007年之前，我国股权激励多是通过大股东股权转让或定向增发实行，

只影响资产负债表的股东权益结构，不影响利润表与现金流量表。但之后的会计准则强调以股份为基础的劳务支付应予以费用化计入利润表。

股权激励在授予日、行权日、等待期等的会计处理涉及多个会计科目，这里主要讨论涉及利润表的部分。

一般情况下，股权激励费用按照股票在授予日的公允价值，根据锁定期限分摊计入利润表的管理费用科目，同时，贷方计入资本公积或应付职工薪酬。实质是企业因增发股票换取员工服务预先付出的成本。但也有部分公司是将股份支付的费用分开计入相应的成本和费用中。比如恒瑞医药自2010年至今一直采用限制性股票激励计划作为激励方式，其股权激励费用是分别计入销售费用、管理费用、研发费用的。不少企业也按照会计准则将激励费用计入不同的成本费用科目，只是计入管理费用更为常见。

同时，泰格医药曾在2017年发布过会计差错更正调整事项的说明，即公司在2014年、2015年曾将授予7名非大陆员工的股票增值权激励费用计入非经常性损益，后来公司根据会计准则的要求，将这部分费用追溯调整计入经常性损益。实质上，股份支付费用除了可以在服务期分摊计入当期成本与费用，也是可以计入非经常性损益的。对增资或受让的股份立即授予或转让完成且没有明确约定服务期等限制条件的，原则上应当一次性计入发生当期，并作为偶发事项计入非经常性损益。股权激励费用的财务处理是企业IPO审查的重点事项。

六、对于股权激励事件投资者需要注意什么

第一是关注股权激励的考核目标与激励力度。部分企业的激励是具有福利性质的，即考核目标低且激励力度大，需要考虑对公司业绩的影响，部分企业的激励则具有挑战性，则要考虑最终实施的成功率。

第二是关注股权激励事件对股价的压制影响。一方面是股权激励在筹划期间对股价的压制因素。我国对股权激励授予价格的计算往往以草案公布日及其之前一段时间交易均价来确定，如价格低一些，员工所需承担的购买成本则相应降低，更容易产生激励效果，一般认为股权激励事件筹划对股价有压制。员工持股计划如涉及公司出资回购，则也涉及此问题。另一方面是关注股权激励缴税对股价的压制因素，限制性股票解锁、股票期权行权时，均涉及个人所得税的缴纳，如个人所得税所涉金额较高，会使公司管理层有避税需求。但是对于持续地、高

频地进行股权激励的企业来说，以上两个因素影响很小。

第三是关注股权激励费用的计算合理性。会计准则要求股份支付应按照权益工具授予日的公允价值将当期取得的服务计入相关成本或费用和资本公积。其中公允价值的测算有多种方法，如简单的差价法（授予日市价—授予价格）、Black-Scholes 期权模型、流动性折扣法（如授予日市价—授予价格—以 BS 模型计算的锁定成本）。不同算法结果核算出的股权激励成本有一定差距，其中流动性折扣法的激励成本往往最低，简单差价法激励成本最高。上交所在 2019 年 6 月对九州通股权激励费用确认的会计处理进行了问询，后来公司对流动性折扣法计算公允价值的具体测算过程进行了披露。

B-S 期权模型中关于认购权证、认沽权证的价格计算有主观预测部分，对于不同参数如历史波动率、标的股价股息率的取值情况差异较大，可变要素略有不同都可能会使公允价值产生较大差异，这与企业估值有一定的相似性，需要投资者分析。恒瑞医药 2018 年年报关于股份支付费用与预期情况差距较大，也涉及股权激励费用核算方法的变更。

第四节　财务费用

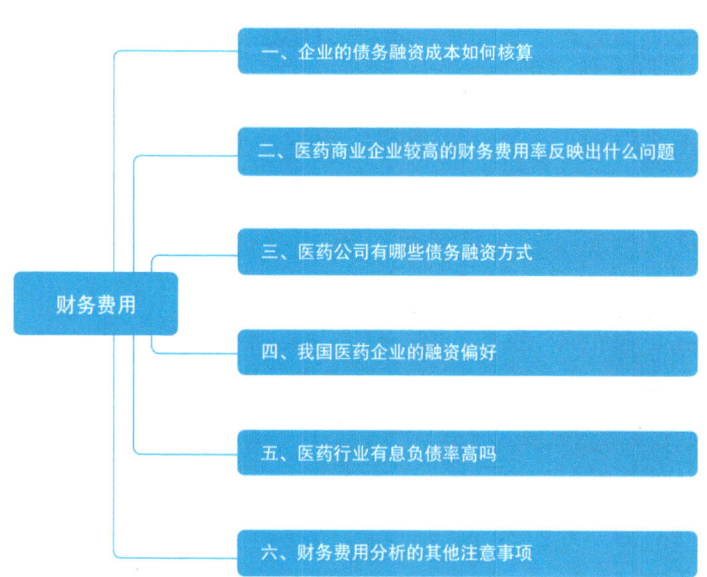

2010年，Provenge经历了FDA的重新审视后获批上市，作为全球第一个上市的肿瘤疫苗，其能够延长晚期前列腺癌4个月的生存期。肿瘤疫苗被视为癌症治疗下一个重大的技术突破。在这之后，多个重磅疫苗的三期临床试验遭遇滑铁卢，其中包括Stimuvax（靶向MUC1，默克公司）以及GSK1572932A（靶向MAGE-A3，GSK）这样的明星产品。Dendreon的Provenge属于这个领域较少的仅存硕果。但2014年底，在2000名员工里裁掉1180人后，因后续经营调整仍不善，数亿美元债务无力偿还，这家昔日肿瘤疫苗领域独占鳌头的生物技术公司正式宣布破产。多年之后，几经转手，Provenge被一中国公司买下。

资金是企业的血液。财务费用是指企业为筹集资金而发生的各种耗费，包括企业生产经营期间发生的利息支出（减利息收入）、汇兑损失（减汇兑收益）、金融机构手续费及其他筹资费用等。

一、企业的债务融资成本如何核算

公司的主要融资渠道分为内部融资、债务融资和股权融资。其中，内部融资主要指企业的留存收益和折旧融资；债务融资主要包括短期借款、长期借款、应付债券等；股权融资指通过增发、配股等方式的融资，在报表中体现为实收资本和资本公积。

债务融资成本是债权人投资企业债权所期望得到的回报率，为企业通过发行债券、银行贷款等方式筹集资金中所付出的代价。对于债务融资的成本，我们一般会使用利息支出/平均有息债务余额来计算企业的债务融资成本，需要注意以下几点。

1. 关于所得税

对于企业的债务融资与股权融资来说，债务融资可以减少股东与经营者的代理成本。同时债务融资具备税盾作用，由于股权的股息、红利只能在缴纳所得税之后才能进行分配，而债务融资的利息是在所得税之前列支的，虽然一笔债务实际支付给债权方的利息并没有发生变化，但是对于企业来说，利息起到了抵税作用。所以在计算企业平均资本成本（WACC）时，债务融资成本的计算需要扣除企业的所得税率。即如果企业是以6%的利率获得一笔银行贷款，企业所得税率为15%，则在计算WACC时，债务成本为5.10%。

2. 利息支出资本化

如果有A、B两家企业分别向银行贷款1000万元，期限一年，利率5%，其中A企业将1000万元全部投入生产基地的建设；而B企业将1000万元全部投入营运资金的周转，那么A、B两家企业关于这笔贷款的财务费用是一样的吗？答案是否定的。符合资本化条件的资产购建产生的借款费用在一定条件下可以资本化，由于A企业将贷款投入在建工程，从发生利息支出时刻起，利息支出不计入财务费用，而计入在建工程。而B企业的借款利息直接计入当年的财务费用中。

由此可知，使用财务费用中的利息支出来估算企业的利息是不全面的。比如必康股份2017年年报披露其当期在建工程中资本化利息金额为1.68亿元，而当年其财务费用中的利息支出为0.91亿元（政府贴息补助冲减当年利息支出0.90亿元）。可见资本化利息占实际利息支出的比例是较高的。资本化的利息在实际计算中需要加回，这是很多投资人容易忽略的地方，这也是很多企业债务成本看似较低的一个原因。

3. 其他债务融资成本度量方式

除了用利息支出/平均有息债务余额来衡量债务融资成本外，企业银行贷款利率、公司债发行利率、资产证券化融资利率等指标可以动态地度量企业的融资成本，同时，如有表外融资，其融资成本更值得参考。

二、医药商业企业较高的财务费用反映出什么问题

医药商业行业是一个较为特别的行业，一般医药工业给医药商业企业 2~3 月的账期，而医院作为医疗行业的终端，也是最强势的一端，医药商业企业需要给予医院 3~6 月的账期，甚至更长。这中间的账期差，需要商业企业垫付大量的资金。这就导致企业扩张必须有强大的财务输血能力。获取通畅的融资渠道和合理的融资成本，是这个行业里企业的重要命题。

表 1-19　瑞康医药 2013—2018 年收入增长与融资密切相关

单位：亿元

报告期	2018/12/31	2017/12/31	2016/12/31	2015/12/31	2014/12/31	2013/12/31
公司收入	339.19	232.94	156.19	97.50	77.86	59.26
YOY	46%	49%	60%	25%	31%	
带息债务	116.65	55.45	19.17	15.32	12.48	9.13
YOY	110%	189%	25%	23%	37%	
IPO与定增	-	-	30.71	11.79	-	5.83
债务与股权融资合计	116.65	55.45	49.88	27.11	12.48	14.96
YOY	110%	11%	84%	117%	-17%	
财务费用	7.09	2.35	0.84	0.74	0.77	0.66
财务费用/净利润	55%	17%	12%	30%	42%	46%

数据来源：wind。

由上表可以看出，瑞康医药的发展史就是一部融资史。从股权融资来看，从 2011 年开始，基本每隔一年就要进行一次股权融资。2011 年 IPO，2013 年、2015 年、2016 年分别进行了三次定向增发。随着 2016 年国家对定向增发政策的调整，企业进行股权融资的难度在实质加大，公司开始发力债务融资。

2017 年，公司新增了公司债、短期融资券、应收账款 ABS、保理、长期借

第一章 利润表

款等多种融资手段来扩张业务以及进行并购，公司的财务费用也随着企业收入的增长同步大幅增长。良好的融资能力也是国药集团、上药集团、华润医药等大型国有流通企业的核心竞争力。

企业一项新增投资的资产收益率大于融资成本，则能够增厚股东收益，该项投资才具有商业价值。目前国内医药商业的综合融资成本在6%以上，如果商业企业本身的经营管理能力有限，使得即使总资产收益率（ROA）的收益水平还达不到6%，则企业是无法依靠债务融资长期经营下去的。

三、医药公司有哪些债务融资方式

债务融资主要包括银行借款、直接债务融资、资产证券化、信托等，还有一些表外融资途径。

银行贷款是我国企业常见的债务融资方式，可分为三类，一是担保贷款，指借款人需将一定价值的财产作为抵押或质押进行借贷，或以第三方作为保证人进行担保。二是信用贷款，借款人在银行借款时无须提供相应的担保。三是贴现贷款方式，是指借款人为及时筹集资金，以未到期的票据向银行进行贴现，银行将资金贷款给借款方。除此之外，国内民间借贷也较为活跃，其是指个人之间或个人与企业之间相互借款，并约定利息支付及到期偿还借款的方式。

上市公司的直接债务融资一般包括公司债券、中期票据、短期融资券等债券市场发行的融资工具，其一般较银行贷款利率更优。资产证券化则一般涉及上市公司的应收账款、不动产等资产。

表1-20 医药行业常见债务融资方式

融资方式	特点	案例
1. 银行贷款	债务融资的主流方式，较为简单，但需要抵押物。有一般贷款、过桥贷款、并购贷款等	大部分的医药企业一般都有短期、长期的银行贷款
2. 公司债	由证监会监管，在交易所债券市场发行。相比一般银行贷款，发行利率较低，一般为3~10年	常见，如上海医药2016年公司债（第一期）规模20亿元，期限3年，票面利率为2.98%。实际利率会高一些

续表

融资方式	特点	案例
3. 中期票据	在银行间债券市场按照计划分期发行，期限一般为2~10年，利率低于贷款	如华润医疗2019年中期票据发行金额为50亿元，发行利率3.62%，发行期限为3年
4. 短期融资券、超短期融资券	在银行间债券市场发行，短期融资券期限为一年以内，超短期融资券期限为270日内	如南京医药2019年在全国银行间市场发行了2019年度第三期超短期融资券，发行总额为5亿元，发行利率3.38%，发行期限为270天
5. 应收账款融资	一般付款方是有信用的，如医院，这是银行信任的单位。实质是用高质量的应收账款作为抵押。多通过应收账款证券化（ABS）完成	如2016年9月，"国药器械应收账款一期资产支持专项计划"设立。包含超过22000笔应收账款，发行规模为13.68亿元，期限1.5年，优先A级产品票面利率为3.90%，优先B级产品为4.50%
6. 保理融资	保付代理，又称承购应收账款、托收保付、应收账款保理，指企业将应收账款按一定折扣卖给第三方（保理机构），获得相应的融资款，以利于现金的尽快取得。保理与应收账款质押融资差别较大	如2016年8月，云南白药全资子公司云南省医药有限公司与深圳聚容商业保理有限公司签署《国内无追索权明保理业务合同》，由聚容保理受让省医药应收账款并向省医药提供保理融资等国内保理服务，合同拟约定保理融资额度为6亿元

数据来源：wind。

除了表内融资，企业的表外融资也值得关注。表外融资是指不需要列入资产负债表的融资方式，如融资租赁、合资经营明股实债等，这部分是核查企业真实债务情况的重点。同时，除了关注企业本身之外，其控股股东的债务融资情况也非常重要，包括股票质押等。

四、我国医药企业的融资偏好

在公司资本结构研究领域，MM理论（Modigliani Miller Models）是奠基理论，之后产生了一系列重要的修正理论，如权衡理论、代理理论等，均在讨论企业合理的资本结构。企业在不同的阶段对融资方式考虑是不同的,时机对于企业的融资决策具有较大影响。

从融资结构来看,中国上市医药公司优先选用的是股权融资,其次是内部融资,最后是债务融资,且股权融资的占比这几年呈递增态势。美国医药上市公司债务融资比重较高,其次是股权融资和内部融资,显示出对债务融资偏好,但这几年股权融资比例持续增加。

国内上市公司股权融资成本较债务融资更低。2018年我国新股发行的平均市盈率为25倍左右,近几年医药类的定向增发平均市盈率接近30倍,换言之,就是上市公司将其当年盈利的全部都作为股利发放,其新股发行的融资成本也不过是3.3%~4%(市盈率倒数)。同时,我国上市公司的平均股利发放水平低,从而使企业通过股票融资的成本远比债务融资要低。

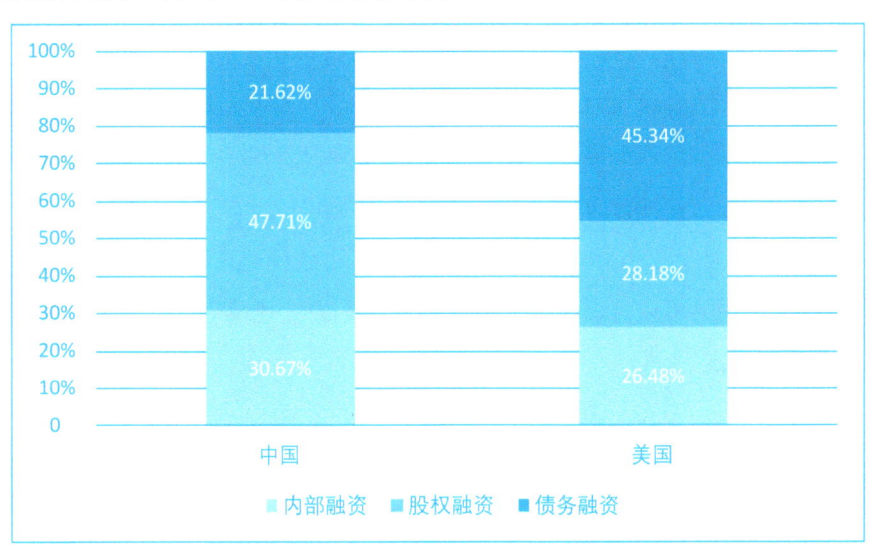

图1-3 2016—2018年中美上市医药公司融资来源(整体法)

数据来源:wind。

五、医药行业有息负债率高吗

1. 中美上市公司的有息负债率差异

企业的负债主要有两种,第一是融资性负债,也称带息负债或有息负债,比如借款、债券等;第二是经营性负债,包括应付账款、应付票据、预收账款等,即企业所占用的上下游企业资金。有的企业资产负债率高,并不是由于带息负债高,而是由于其商业模式或者产业地位原因,可以占用上下游资金来满足企业的自身需求。以整体法计算,2016—2018 年中国 A 股医药板块资产负债率与带息资产负债率均值分别为 41%、17%,美国股市医药板块分别为 63%、33%。

表 1-21　2016—2018 年中美股市医药板块资产负债情况（整体法）

交易市场	指标（整体法）	2016 年	2017 年	2018 年	均值
中国	资产负债率	39%	41%	43%	41%
	带息资产负债率	15%	17%	18%	17%
美国	资产负债率	62%	63%	63%	63%
	带息资产负债率	33%	33%	32%	33%

数据来源:wind。

中美医药企业有息负债率的差异较大,一是由于欧美借贷市场成熟度高,相关司法等配套制度相对完善;二是由于欧美大企业的增长有限,经营层希望通过提高杠杆率来提高 ROE 水平;三是欧美企业并购大量采用杠杆收购。两国国情的差异使得这样的有息资产负债率比较不具有实际意义。

如果从财务费用占利润的角度来分析,我们用已获利息倍数来衡量,即息税前利润/利息费用,可以看出中国上市医药企业利息占 EBIT 大约是 8%,美国上市医药企业利息占 EBIT 大约是 17%。

表 1-22　2016—2018 年中美上市医药企业已获利息倍数（整体法）

交易市场	指标（整体法）	2016 年	2017 年	2018 年	均值
中国	已获利息倍数	14.28	13.56	8.83	12.22
美国	已获利息倍数	6.25	6.01	5.19	5.82

数据来源:wind。

2. 不同行业的有息负债率差异

不同行业在负债方面会有比较大的差异,在发达市场,那些高增长、有丰富投资机会的行业往往负债较低,财务负担较轻,比如医药领域、信息领域等。

国内行业之间的差异与国外接近,食品饮料、传媒、计算机、医药属于有息负债非常少的行业,2018 年医药行业有息资产负债率指标只有 18%,低于全部行业 25% 的平均值。而地产、公用事业、机械、钢铁等行业则属于典型的有息债务占主导地位的行业。

3. 医药不同子行业的有息负债率差异

在国内 A 股医药板块内,生物制药企业和老牌中药企业的负债水平低。财务负担比较重的是医药商业和医疗服务企业,医药商业子板块的资产负债率大约为 60%。但是不同子行业的有息负债水平差异不大,都在 20% 左右,这与信贷政策、医药企业资产收益率趋同都有关系。

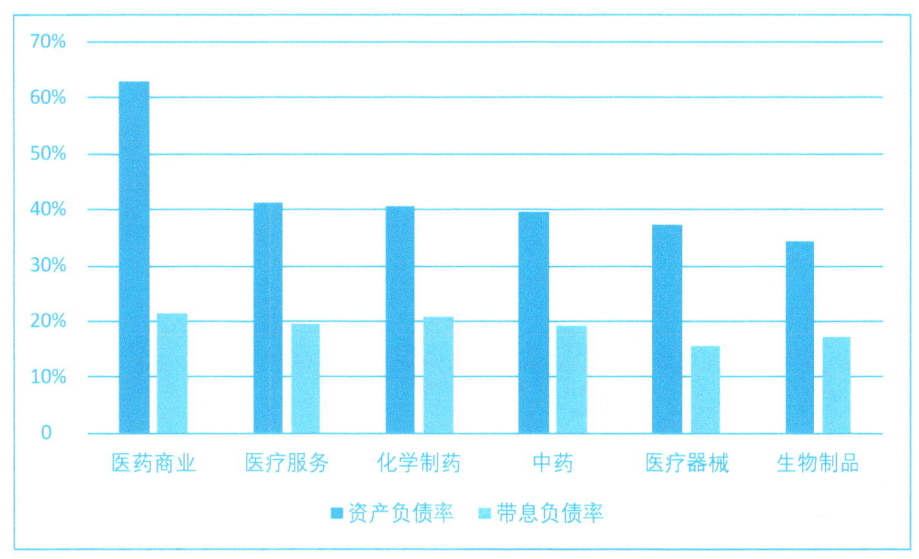

图 1-4　2018 年医药行业不同子行业负债率情况(整体法)

数据来源：wind。

六、财务费用分析的其他注意事项

1. 汇兑损益

对于业务涉及进出口以及对外输出服务的企业,汇兑损益需要特别注意。比如药明康德,其客户多数在境外,其 2016—2018 年的汇兑损益分别为 -9300 万元、-1.39 亿元、-0.31 亿元,差异较大,而企业 2017 年的利润为 12.97 亿元。尤其在汇率波动较大的年份,需要留意。

由汇率变动而引起的汇兑损益,可以采用集中结转法或逐笔结转法进行计算结转,对企业来讲,有一定的调节空间。

2. 借款资本化

因借款产生的费用，并不一定都会作为财务费用冲减当期损益，构建、建造或者生产符合资本化条件的资产时发生的借款费用在满足特定条件时，可通过资本化成为固定资产、可销售状态的存货或投资性房地产等。如上文所述，企业向银行借款用于建设生产设施，满足条件时其贷款利息是计入固定资产造价的。

当企业有多笔借款同时有多个在建项目时，借款费用资本化的处理就有一定的人为调节空间，成为财务费用分析的模糊地带。

3. 隐形债务问题

在企业并购中，应特别关注企业的隐形债务。隐形债务是指在企业的财务报表或其他财务资料中未披露的债务，部分体现在资产负债表的其他应付款或长期应付款中。这需要通过将企业的借贷规模和其财务费用进行匹配，来了解企业是否存在隐形负债的问题。

第五节 税

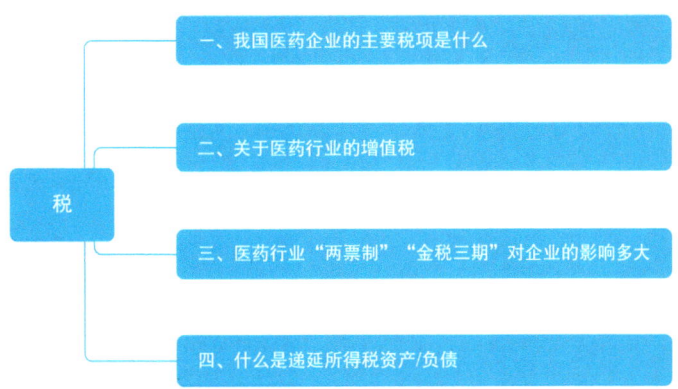

爱尔兰是个低税的地区，医药行业最大的税收倒置交易差一点发生在这里。2014年，美国制药巨头艾伯维（Abbvie）计划要约收购爱尔兰夏尔制药（Shire），将在Shire的总部英国泽西岛成立一家新的公司，有望使Abbvie的税率从28%降至12.5%。这不仅是在医药行业，也是历史上最大金额的税收倒置并购。为此，美国政府专门出台了新的税收规定，对美国公司向海外转移资产避税设置障碍，即使离岸资金也要按美国的企业所得税率进行纳税。

即使有了这样的前例，2015年辉瑞（Pfizer）依然试图通过规避新的税收规定要求而收购注册地在爱尔兰的艾尔健公司（Allergen）。全球制药巨头的所在地有些具有诱人的税收政策，如罗氏与诺华所在的瑞士所得税率为19%（减免前为21%），阿斯利康与葛兰素史克所在的英国所得税率为24%（减免前为30%），相对于其他制药巨头来说，辉瑞高额的税负使得其无法将更多的资金投入研发中去。但辉瑞收购艾尔健的尝试又被美国财政部的新法规叫停。辉瑞也为此支付了1.5亿美元的分手费。

2017年，美国为了推动经济增长而进行了30年来力度最大的税法改革，税改集中在企业所得税、个人所得税、跨境税制等方面，其中企业所得税减税幅度较大，从累进的35%税率下降为单一税率21%，这为美国本土企业增加了可观的现金流和长期竞争力。

由于各国的税制有较大差别，本书主要围绕我国医药企业展开。

一、我国医药企业的主要税项是什么

1. 从一个小企业讲起

2018年，网络流传一个关于某陶瓷生产企业纳税的小故事，我们以书中的各种假设条件来了解普通制造业企业涉及的各项税收及税率，见表1-23。其对于一般的医药制造业具有参考意义。

表1-23 某陶瓷生产企业经营情况、利润表情况及纳税情况

原文	原文翻译成利润表		
	科目	项目	金额
今年卖了200万元产品	营业总收入		171万元（200万元为含增值税收入，报表收入须扣销项税，即200/(1+17%)=171万元）
雇佣员工的支出共花了110万元	营业成本	人工	110万元（假设员工以生产为主）
厂房是租的，占地面积2000平方米，年租金12万元（税前）		房租	12万元
买黏土花了10万元		原材料	10万元（含税）
水、电、煤气、通信费等共花了15万元（假设制造费用10万元，管理费用5万元），设备维护和折旧9万元		制造费用	10万元+9万元
公司有两辆车，一辆载重5吨的货车用来送货，一辆2.5升的轿车用来办公，每年汽油费4万元		销售、管理费用	4万元+5万元
今年能挣多少钱呢？是不是挣了200-12-10-4-110-15-9=40（万元）			40万元（含税利润，包括增值税）

第一章　利润表

续表

原文	原文翻译成利润表		
	科目	项目	金额
下面算算要交多少税	税金及附加		6.92万元
城市维护建设税为1.93万元		城市维护建设税	1.93万元（为增值税的7%，其中增值税为销项税–进项税。销项税＝含税销售收入/（1+增值税率），进项税＝原材料等/（1+增值税率），本例子中的增值税为27.6万元）
教育附加费0.83万元		教育费附加	0.83万元（为增值税的3%）
地方教育附加0.28万元		地方教育附加	0.28万元（为增值税的1%）
广州市三级用地标准，8元/每平方米，2000平方米，合计土地使用税1.6万元		土地使用税	为租用土地，替出租人缴纳土地使用税1.6万元（实际缴纳租厂房全部税金为3.71万元）
两辆车的车船使用税0.12万元		车船使用税	0.12万元
印花税		印花税	0.05万元（销售收入核定部分的3‰）
	利润总额		4.02万元
企业所得税率为25%	减：所得税		1.01万元
	净利润		3.01万元
个人所得税适用税率为20%	企业主个人所得税		0.6万元
	企业主最终收入		2.41万元

在这个例子中，企业税费约36万元，其中，增值税27.6万元（2017年其适用的增值税率为17%），各类税金及附加约7万元，企业所得税约1万元（所得

税率25%），增值税是这个小企业最重要的税负。

企业主最终的收益较少，是由于企业收入的分配是多方面的，分配至企业员工、供应商、渠道商、债权人、政府，最后才是股东，其分别对应着人工、原材料、销售市场费用、利息、税收，最后是净利润。本例中人工成本对收益的影响较大，人工成本占到营业收入的64%，同时，由于较高的人工薪酬不能作为企业增值税进项税抵扣，导致增值税额较高。但现实中，小微企业是有一定的税收优惠的。

2. 医药企业主要涉及哪些税？

医药行业涉及的主要税种与上述案例是接近的，下表进行详细介绍。医药企业最主要税种为增值税与企业所得税，根据中国税务年鉴（2019），这两部分约分别占医药制造业税负支出的65%、20%。

表1-24 医药企业常见税种分析

税类	税种	描述	医药行业特征
流转税类	增值税	目前我国最大的税种，属于间接税种。当制造企业将原材料加工成为产品出售，则从原材料到成品的增值部分需要缴纳增值税。2020年5月起执行13%、9%、6%等不同税率	医药行业在流通过程中实施的"两票制"，就是指增值税发票
	消费税	对特定消费品和消费行为征税，如高耗能产品、奢侈品等	医药行业不涉及
	关税	加入WTO后关税降低明显，受贸易战影响较大	进口关税较多，有原料需要进口的企业、贸易型企业需要关注。出口关税较少
所得税类	企业所得税	以企业的利润总额经调整计算出的应纳税所得额为基数，税率一般是25%，国家重点扶持的高新科技企业，是按照15%征税的	部分医药企业或子公司享受15%的税收优惠
财产税类	房产税	拥有房产或租用国有房产需缴纳	医药园区内企业多需缴纳
	车船税	使用车辆和船只，一般要缴纳	
资源税类	土地使用税	转让土地使用权与房屋等时需缴纳	

第一章 利润表

续表

税类	税种	描述	医药行业特征
行为税类	城市维护建设税	我国特殊的地税，按照增值税一定比例缴纳。注册在市区为7%，在县、镇是5%，不在市区、县城或镇的为1%	
	教育费附加	增值税的3%	
	地方教育费附加	增值税的1%~2%	
	印花税	书立凭证和签订各类和经营有关的合同时需缴纳，按照合同金额比例缴纳	
	其他税种	主要是其他流转税、财产税、资源税、行为税，还包括很多基金和费用，如残疾人保障金、文化建设费、堤防费等	

3. 医药上市公司税负情况

我们使用上市公司现金流量表中"支付的各项税费"扣除"收到的税费返还"来近似衡量其总体税费。如下图所示，近三年我国医药行业总体税费占收入的比例约7%，并呈逐年下降的趋势，其中化学制药、中药、生物药等制造业的税费占收入比例较高。从盈利角度看，医药行业总体税费占税前利润的比例约70%，其中生物制药、医疗器械等细分行业税费占税前利润比例较低。医药行业税负占税前利润比例在国内不同行业中处于中等水平。

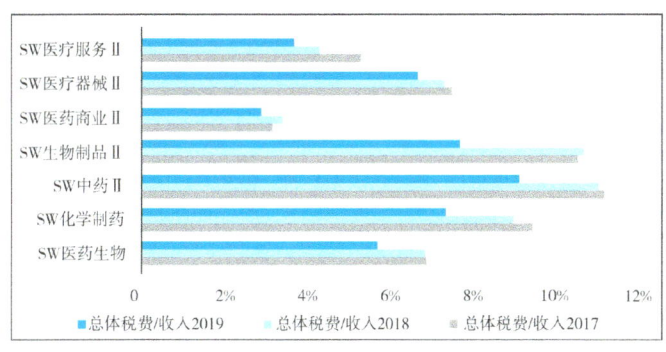

图1-5 2017—2019年我国医药行业税负占收入比例情况

数据来源：wind。

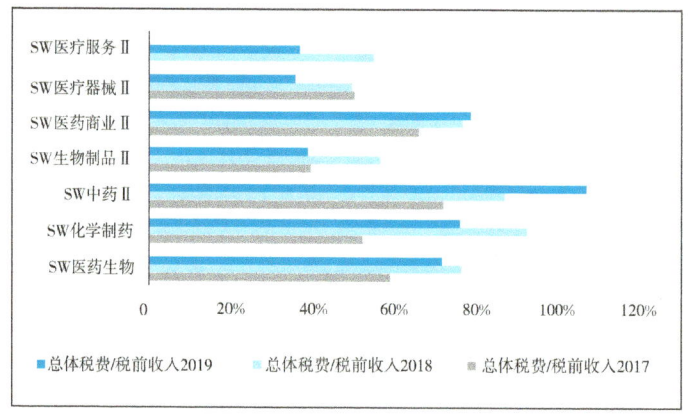

图 1-6　2017—2019 年我国医药行业税负占税前利润比例情况

数据来源：wind。

二、关于医药行业的增值税

1. 增值税项如何计算，在财务报表里哪里找

增值税具有转嫁性，它是对企业间流转的商品或服务的增加值征税。例如，某制药公司购买 100 万元的原料药，其把这些原料药加工成可售卖的药品并实现销售 300 万元，即这批原料药在制药公司增加了 200 万元的价值。假设增值税税率是 13%，则此制药公司需要缴纳的增值税为销项税（300 万元×13%）-进项税（100 万元×13%），即 26 万元，这里没有考虑原料外的其他进项税，如来自管理费用、销售费用中可抵扣的项目。

由于增值税是价外税，即价款与税额分开，利润表的收入是由不包含增值税的价格计算出来的，所以增值税不列示在利润表中。

为了方便理解，可以认为增值税是在资产负债表往来账里核算，增值税进项税额是应收款项，增值税销项税额是应付款项，互抵后是应交增值税。应交增值税下设若干科目，包括"进项税额""销项税额""已交税金""进项税额转出"等。但资产负债表数据反映的是期末余额，不反映当期实际缴纳额。

按照目前的税法，纳税人需要根据流转税缴纳情况同时缴纳城市维护建设税和教育费附加、地方教育费附加等。可以通过这些以流转税为税基的税种倒推出当期发生的增值税额，其中依据教育费附加计算较为便捷。

应纳教育费附加=实际缴纳的流转税（增值税）×教育费附加税率，则当期增值税实际发生额=教育费附加/教育费附加税率。目前教育费附加一般为3%，与地方教育费附加合计5%。我们以恩华为例，其2019年教育费附加合计为1,636.90万元，税率为5%，则其当期增值税实际发生额约为3.27亿元。

2. "营改增"是怎么回事

表1-25 恩华药业不同时期"税金"表述

单位：元

项目	2015年	项目	2017年
一、营业总收入	2,766,567,622.87	一、营业总收入	3,393,676,955.99
二、营业总成本	2,472,675,473.24	二、营业总成本	2,992,813,387.96
其中：营业成本	1,607,824,070.74	其中：营业成本	1,765,830,017.03
营业税金及附加	25,324,580.54	税金及附加	38,341,656.84
营业税	1,043,026.48	城市维护建设税	18,466,592.02
城市维护建设税	13,641,307.06	教育费附加	13,200,082.86
教育费附加	9,749,203.29	房产税	2,405,384.72
其他	891,043.71	土地使用税	3,219,647.44
		其他	1,049,949.80
销售费用	660,327,934.80	销售费用	941,259,136.94
管理费用	150,554,497.34	管理费用	232,164,943.79
财务费用	12,042,117.71	财务费用	-6,218,188.96

数据来源：公司年报。

表1-25是恩华药业2015年与2017年的部分利润表，税收科目之前为"营业税金及附加"，营改增之后的科目调整为"税金及附加"。核算内容也发生了变化，除取消了营业税，房产税、土地使用税、车船使用税和印花税等以前在管理费用中核算的内容在"税金及附加"科目中核算。

过去营业税是按照5%的税率与收入之积来计算的。过去数十年，营业税与增值税作为流转税同时存在，分别针对服务和商品。这造成了一定程度的征税混乱，同时营业税重复征税的特点使其对物流和现代服务业的影响较大。从2016年5月开始，国家全面取消了营业税改征增值税，其对不同行业的税负影响不同，对于进项税可抵扣额较高的行业起到了减负的作用。

3. 医药子行业的增值税率都一样吗

表 1-26 医药细分行业增值税率情况

项目	增值税税率			
	2016 年 5 月（营改增）	2017 年 7 月	2018 年 5 月	2019 年 4 月
化学制药	17%	17%	16%	13%
中药	17%	17%	16%	13%
其中：中药饮片	13%	11%	10%	9%
生物制药	3%	3%	3%	3%
医疗器械	17%	17%	16%	13%
医药流通	17%	17%	16%	13%
连锁药店	部分小规模纳税人 3%	部分小规模纳税人 3%	部分小规模纳税人 3%	部分小规模纳税人 3%

由表 1-26 可知，不同医药子行业的增值税税率有较大差异，目前一般医药制造业的增值税率为 13%；但是生物制药子行业的增值税率自 2014 年起即调整为 3%；中药材及中药饮片属于农产品，执行优惠税率。除此之外，在肿瘤药和罕见病领域国家也给予了特殊的优惠政策。如 2018 年国家对生产销售和批发、零售抗癌药品，可选择按照简易办法依照 3%征收率计算缴纳增值税。我们看到恒瑞等以抗肿瘤药为主的企业 2019 年增值税缴纳额下降明显。

但是每一次行业增值税率的调整，可能会引起行业上下游的利益重塑。

三、医药行业"两票制""金税三期"对企业的影响多大

我国药品生产企业有很多是没有自建销售队伍的，过去这些药厂通常底价出厂，依靠代理商铺货促销。一方面，药品的推广需要代理商，且往往是多层代理关系，除了生产企业开票给代理商，代理商开票给配送商，配送商开票给医院或药店，代理商体系中还需要多次开增值税发票；另一方面，由于多数药品出厂价较低，需要中间的代理公司高开票到医院，因此存在大量的"过票"公司，负责日常药品的物流管理、开票业务、对账结算，因此这其中有许多虚增的增值税发票。

2015年开始，国家为了改变药品流通环节过多、层层加价的问题，改革药品的销售流通体系，实施"两票制"。"两票制"是指药品生产企业的增值税发票只能开给一家商业公司，再由其开给医院终端，中间无其他环节，两票制自2017年已在全国逐步推广。两票制大大减少了行业过票、挂票的行为，重造了我国医疗流通价值链。

同时，国家金税三期工程（金税三期工程是国家级税收管理系统工程，可与工商、社保、海关等数据联网，通过大数据方式实现税务评估与征收，可以极大地打击虚假增值税发票）的实施，使行业内大量的过票公司及过票业务消亡。税务系统可实时了解进出货物的品种、价位及行径；部分地区要求开发票时必须填写交易明细，出货的每一种药品名称、数量都要与进货相对应，俗称"对顶发票"，这样的监管要求使得虚开发票成为泡影。

这也使一些生产企业面临困境，继续底价招商，则面临因出厂价格公开而导致的招标价格大幅下降的风险；如果价格高开，则企业需要缴纳足额的增值税与所得税，同时处理大量票据也存在风险。而部分代理公司开始转型为专业的医药销售服务公司（CSO），向生产企业开具销售推广服务类发票提取佣金。

四、什么是递延所得税资产/负债

所得税是利润表予以确认的所得税费用。但是公司利润表中"所得税费用"与公司实际支付的所得税是有较大差异的。一个常见的原因为会计上的折旧与税法上的折旧的差异，如税法上要求加速折旧，则企业可以延迟支付税费，节约了当期的资金流出，形成递延所得税负债；但公司当期多付了税款，则未来有权利少付税款，这项权利即成为公司的资产，就会产生"递延所得税资产"。则：所得税费用=应交所得税+递延所得税负债-递延所得税资产（注：公式里使用的为发生额，不是余额）。

第六节　　非经常性损益

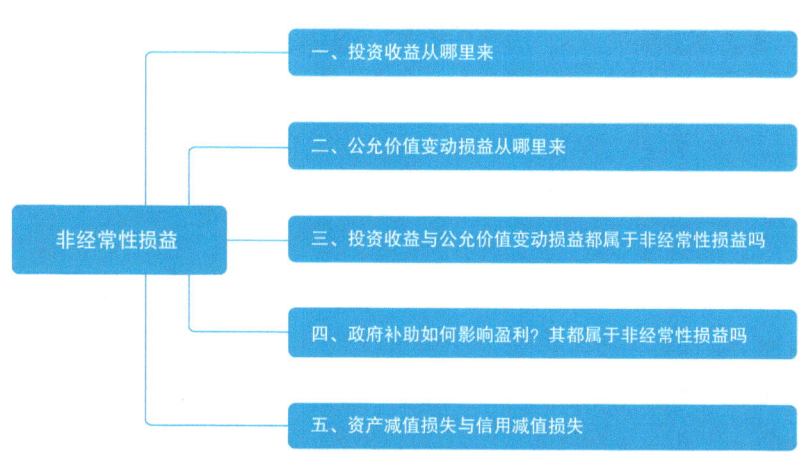

海正药业曾是中国制药行业的传奇公司之一，这家成长于浙江台州的地方性企业，从原先生产化工产品的小厂成长为中国制药的龙头企业。其在国际化方面走在绝大多数企业前面，1992年就有妥布霉素通过FDA认证，后来在他汀类产品、抗肿瘤药、抗感染药领域均有较大规模的API和制剂出口；在创新药领域，更是拥有国内较早上市的单抗药物安百诺以及其他多个在研的单抗药物。

这样一家代表着国内较高制药水平的企业，随着部分产品线的老化、API出口受限、海正辉瑞合作受挫以及激励机制问题的暴露，近些年的发展放慢了脚步，企业稳定盈利甚至都得不到保证。从2015—2018年的利润表可以看出，其扣非后净利润一直为负。为了避免退市的风险，海正药物一直在通过非经常性损益维持盈利，除了持续获得金额较大的政府补助之外，海正药业2017年也试图通过处置控股子公司股权获得投资收益来支撑利润。

根据上交所问询函所示，海正药业于2017年底公告披露其控股子公司浙江导明医药拟进行融资及债转股，其估值4.8亿元，如上述交易在2017年完成，海正药业将不具有导明医药控制权，预计将增加公司2017年度归属于母公司的营业利润1.3亿元左右。鉴于海正药业2016年业绩亏损、2017年前三季度微盈利，上交所要求公司补充披露交易动机。

虽然子公司导明医药的控股权发生了转让，海正药业对导明医药的持股比例由 73%稀释为 40%，但公司非经常性损益和利润并没有相应的增加。这是由于股权转让协议包含了回购义务，即如果导明医药的经营目标无法如期达成，需要海正药业回购本次增发的股份。海正药业并没有将本次交易产生的 1.3 亿元收益计入 2017 年的投资收益，而是暂挂预计负债。上市公司在特殊的时点希望通过提高非经常性损益改善业绩的行为并不少见，本节内容将聚焦医药行业的非经常性损益。

根据中国证监会的定义，非经常性损益是指与公司正常经营业务无直接关系，以及虽与正常经营业务相关，但由于其性质特殊和偶发性，影响报表使用人对公司经营业绩和盈利能力作出正常判断的各项交易和事项产生的损益。

总体来讲，A 股医药行业非经常性损益在净利润中的占比约 20%，是净利润中重要的组成部分。在实际工作中，我们较为重视投资收益、公允价值变动损益、其他收益、营业外收入、资产减值损失这几个科目。

一、投资收益从哪里来

对于部分企业来说，投资收益是企业长期盈利的重要组成，比如复星医药；部分主业经营徘徊在亏损边缘的企业需要通过投资收益增加盈利；更多的企业则是有闲置资金，通过理财获得投资收益。

2019 年泰格医药的投资收益约 1.80 亿元，占 2019 年净利润的 21.38%，我们将详细分析来了解投资收益的来源。

表 1-27　泰格医药 2019 年投资收益的情况

单位：万元

科目	金额	备注
投资收益	17,982.80	
其中：权益法核算的长期股权投资收益	-976.77	7 家联营公司实现利润按比例计入投资收益
处置长期股权投资产生的投资收益	4,412.22	处置上海晟通国际物流有限公司等 8 家子公司股权
丧失控制权后剩余股权按公允价值重新计量产生的利得	3,244.45	不再控制上海晟通国际物流有限公司等子公司后剩余股权改按金融工具确认和计量

续表

科目	金额	备注
取得子公司、联营企业及合营企业的投资成本小于取得投资时应享有被投资单位可辨认净资产公允价值产生的收益	4,148.82	增持参股公司北京雅信诚股权、联营公司方达苏州股权实现并表产生的投资收益
处置其他非流动金融资产取得的投资收益	5,256.72	退出 Taitong Fund L.P. 等9家基金项目
其他非流动金融资产在持有期间的投资收益	1,760.19	
理财收益	137.18	

数据来源：wind。

如上表所示，投资收益主要来源于金融资产和长期股权投资在持有期间和处置时产生的收益。则我们从长期股权投资、金融资产这两种重要资产入手分析。

1. 长期股权投资

2014年长期股权投资的会计准则修订前，长期股权投资分为三类，一是子公司投资；二是合营投资与联营投资；三是无活跃市场，无法获得公允价值，无重大影响的非上市公司股权投资（持股比例低于20%且对公司无重大影响）。2014年会计准则修订后，第三类不再计入长期股权投资，而计入了金融工具投资。表1-28主要列示了长期股权投资在新会计准则下的分类、计量以及与投资收益的关系。

表1-28 长期股权投资产生的投资收益

长期股权投资新会计准则（2014年修订）			
新分类	解释	后续计量	与投资收益关联
1. 子公司投资	可实施控制	在母公司报表中以成本法核算，在合并报表里的长期股权投资中不体现	处置收益，如出售子公司股权收益等为投资收益

续表

长期股权投资新会计准则（2014年修订）			
新分类	解释	后续计量	与投资收益关联
2. 联营投资、合营投资	合营为共同控制，一般持股比例为50%；联营为持股比例在20%~50%，或持股比例低于20%，但能够实施重大影响	权益法	持有收益，被投公司实现净利润或经调整净利润按持股比例计入投资收益；处置收益，如出售联营或合营公司股权收益计入投资收益

目前由长期股权投资产生的投资收益主要分为两部分，一部分是持有收益，主要是合营公司与联营公司在持有期间产生的净利润或经调整的净利润按持股比例计入投资收益，2019年泰格医药这一部分的持有收益为-976.77万元。

另一部分是处置收益，包括对子公司、联营企业及合营企业进行处置获得的收益，其对盈利影响较大。如2019年泰格医药转让子公司上海晟通获得股权处置收益4412.22万元；同时，由于处置子公司股权而对其失去控制权后，剩余股权需按公允价值重新计量，由于大幅增值，则又产生了投资收益3244.45万元。虽然只出售了控股子公司的部分股权，但获得的投资收益相当于处置了子公司所有的股权。

同时，泰格医药的增持行为也带来了投资收益。其2019年增持参股公司北京雅信诚等公司股权至控股，产生了4,148.82万元的投资收益，即因取得子公司的投资成本小于取得投资时应享有被投资单位可辨认净资产公允价值产生的收益。当企业因追加投资等原因能够对非同一控制下的被投资方实施控制的，在合并财务报表中，对于购买日之前持有的被购买方的股权，应按照该股权在购买日的公允价值进行重新计量，公允价值与其账面价值之间的差额计入当期投资收益。

上市公司为了避免持续亏损或为了管理市值，会选择处置长期股权投资来改善盈利。通过股权比例或者董事会席位的调整，长期股权投资的核算方式发生转换，企业非常容易通过公允价值重估创造出巨大的账面投资收益。本节开始所举海正药业的案例即是如此。

2. 金融资产

我们首先需要了解金融资产的分类，如表1-29所示，过去金融资产是分为四类的，2017年新会计准则将金融资产按照"合同现金流量特征"和"业务模式"重新划分为三类：一是以摊余成本计量的金融资产（如一般债券投资）；二是以公允价值计量且其变动计入当期损益的金融资产（如股票、基金、金融衍生工具投资）；三是以公允价值计量且其变动计入其他综合收益的金融资产（如战略性股票与债券投资）。第三类金融资产，即以公允价值计量且其变动计入其他综合收益的金融资产产生的公允价值变动、其他利得与损失不计入投资收益，而是计入资产负债表的其他综合收益。如果企业持有股票是长期目的，并不是希望通过公允价值变动获取收益，或者担心价格波动影响当期收益，资产计入此科目后，其公允价值变动就不再影响利润。

表1-29 金融资产产生的投资收益

金融工具新会计准则（2017年修订）				
新分类	旧分类	解释	主要涉及资产科目	与投资收益关联
1. 以摊余成本计量的金融资产	1. 贷款和应收账款 2. 持有到期投资	希望还本并获得利息的资产，如债券	应收账款、应收票据、其他流动资产、债权投资等	持有及处置时的利得或损失计入投资收益
2. 以公允价值计量且其变动计入当期损益的金融资产	3. 以公允价值计量且其变动计入当期损益的金融资产	希望赚取差价的资产，如股票、基金、优先股、可转债等	交易性金融资产或以公允价值计量且其变动计入当期损益的金融资产、其他非流动金融资产	终止确认时，处置利得与损失计入投资收益
3. 以公允价值计量且其变动计入其他综合收益的金融资产	4. 可供出售金融资产	既希望获得利息，又想赚取差价的资产，如有长期持有意图的股票和债券。股票投资的分类具有主观性，但是一经指定不能更改分类	其他权益工具投资、其他债权投资、其他流动资产、一年内到期的流动资产；应收款项融资	公允价值变动、其他利得和损失都计入资产负债表的其他综合收益。但也有计入投资收益的，比如债务投资工具投资终止确认时，累计其他综合收益转入投资收益、处置利得与损失计入投资收益

医药行业中，金融资产产生的收益主要分为两类，一是低风险理财收益，其可来源于处置以摊余成本计量的金融资产，比如部分固定收益型理财产品；也可来源于处置以公允价值计量且其变动计入当期损益的金融资产，比如结构性存款。绝大部分公司都有此类现金管理类的投资收益。

二是高风险的股权投资，如泰格医药持有医药基金10.75亿元、非上市公司股权投资10.40亿元，均划分为以公允价值计量且其变动计入当期损益的金融资产，2019年其因退出Taitong Fund L. P.等9家基金项目而获得处置收益约为5,256.72万元。

如果公司持有的一些债权和股权投资是计入以公允价值计量且其变动计入其他综合收益的金融资产，则其公允价值变动以及利得和损失都不计入投资收益。

3. 复星医药的特殊发展模式

FOSUN在海外的名声响亮，是中国买家的一个代表，其早期在医疗器械方面海外收购较多，2016年更是以超过10亿美元的价格收购了印度药企Gland。在国内，复星系的规模也较为庞大，参股的上市公司就有国药控股、迪安诊断、汉森制药、山河辅料、SISRAM Med等，持股的非上市公司有几十家之多，包括万邦生化、直观医疗、和睦家、微医集团等不同领域的企业。

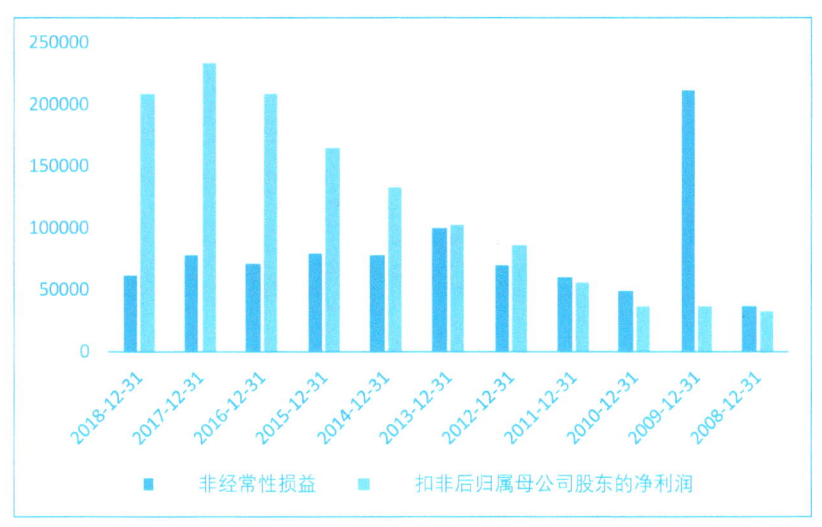

图1-7 复星医药"非经常性损益"与"扣非后净利润"情况（单位：万元）
数据来源：公司年报。

这正是复星医药这家企业特殊的地方，除了经营核心控股的医药产业，股权投资（PE）也是公司的重要业务。反映在利润表上，就是公司"非经常性损益"的体量在很长一段时间内与"扣除非经常性损益后净利润"的体量接近。

复星医药的模式在整个行业中都具有特殊性。如图1-7所示，复星医药从2008年至2013年，公司的非经常性损益占净利润近一半份额。复星医药每年都会对部分联营公司、子公司、参股公司等资产进行处置。2018年公司的非经常性损益约6.18亿元，主要为处置长期股权投资以及参股公司股权获得的投资收益。

复星医药过去若干年的相对估值中枢都在20倍PE左右，与同类型的医药企业相比偏低，这与复星医药双主业务模式、多产业发展的特征有一定的关联度。

二、公允价值变动收益从哪里来

公允价值变动收益是指企业以各种资产，如投资性房地产、债务重组、非货币交换、交易性金融资产等公允价值变动形成的应计入当期损益的利得或损失。

对医药公司来说，公允价值变动收益主要来源于两方面，一是来源于持有股票等交易性金融资产，比如血液制品领域的上海莱士曾经以股票收益为其主要利润来源。二是来源于以公允价值计量且其变动计入当期损益的其他非流动金融资产，如参股其他公司。其均属于以公允价值计量且其变动计入当期损益的金融资产（见表1-29）。以泰格医药为例，2019年其公允价值变动收益约1.85亿元，占2019年净利润的21.97%，均来源于参股公司股权公允价值的变动。

随着近几年医药行业股权投资市场的持续繁荣，上市公司持有医药股权投资基金或直接投资非上市公司股权非常普遍，在新的会计准则下其中一部分资产划分为以公允价值计量且其变动计入当期损益的金融资产，其每年的公允价值变动均需计入当期损益，非上市公司的估值变动会大幅影响上市公司盈利。该类投资由于没有活跃的市场报价，估值过程中使用的关键参数涉及管理层的重大假设和估计，因此审计机构一般会将该类风险投资的公允价值计量识别为关键审计事项。

三、投资收益与公允价值变动收益都属于非经常性损益吗

中国证监会对非经常性损益的界定包括21个项目，如非流动性资产处置损益、计入当期损益的部分政府补贴、委托他人投资或管理资产的损益等。其涉及多个会计科目，如投资收益、资产处置收益、营业外收支、其他收益、资产减值损失、管理费用、财务费用等，需要财务人员对项目是否为非经常性损益进行具体的甄别。

投资收益与公允价值变动收益是否为非经常性损益需要具体分析，如与企业正常经营业务具有相关性，不具有特殊性和偶发性，是可以被认为经常性损益。

多数投资收益为非经常性损益，但长期股权投资的持有收益，主要是合营公司与联营公司在持有期间产生的净利润或经调整的净利润按持股比例计入的投资收益并不是非经常性损益。

对于公允价值变动收益来说，企业 IPO 募投资金在使用之前通过定期存款等方式获得的利息收益是可以被认定为经常性损益，但是对于交易性金融资产或者其他债券投资等产生的损益一般被认定为非经常性损益。

四、政府补助如何影响盈利？其都属于非经常性损益吗

医药行业是与国计民生密切相关的行业，政府补助比较普遍。政府补助分为两类，一类是与资产相关的补助，比如研发基地的建设补贴、技术工艺体系改造补贴、搬迁改造补偿。另一类是与收益相关的政府补助，比如研发补助、稳岗补贴等。

华北制药是国内抗生素与维生素原料药生产基地之一，曾经的维生素 C 全球巨头。近年来由于产品线老化、限抗令、维生素 C 国际诉讼等各类问题，华北制药多年来的主营业务处于微盈利或亏损状态。而厂房搬迁、大气污染防控也是企业需要面对的挑战。但是华北制药这些年一直有金额较大的政府补助来支撑着企业，使得企业一直未出现亏损。

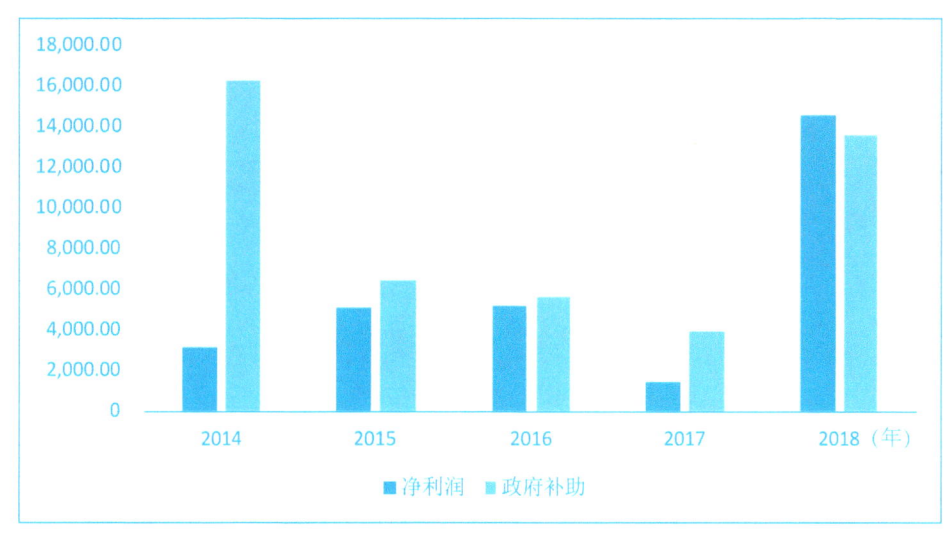

图 1-8 华北制药的政府补助与净利润情况（单位：万元）

数据来源：公司年报。

但政府补贴对企业业绩的影响也有一定的波动性。海思科是一家西南地区企业，在肠外营养药、特色抗感染用药以及肝胆疾病用药领域居于国内领先地位，作为注册地在西藏的医药企业，海思科曾享受较为优厚的政府补助，西藏山南市财政按其纳税总额50%的比例给予政府补助（比例可能有浮动），算是具有一定经常性的"非经常收益"。海思科的政府补助在利润中占比较高，但政府补助到账时间并不平滑，导致海思科的业绩波动较大，没有良好的趋势可言，如图1-9所示。

2017年之前，我国企业会计准则要求所有的政府补助在利润表中都计入营业外收入。2017年会计准则修订后，在利润表"营业利润"科目上新增科目"其他收益"，政府补助如果与企业日常活动相关的，按照经济业务实质计入"其他收益"或冲减相关成本费用。与企业日常活动无关的，保持与原准则一致，计入营业外收入。

由于会计准则"其他收益"科目的新增，使得企业的营业利润有所增加，但由于证监会非经常性损益的定义一直都没有变，所以即使政府补助和企业日常活动相关，如果不能满足持续性或按照一定标准定额或定量计算等规定，也不能计入经常性损益。事实情况是基本所有的政府补助均属于非经常损益。但也有部分公司为了改善扣非后净利润情况，将政府补助计入经常性损益。

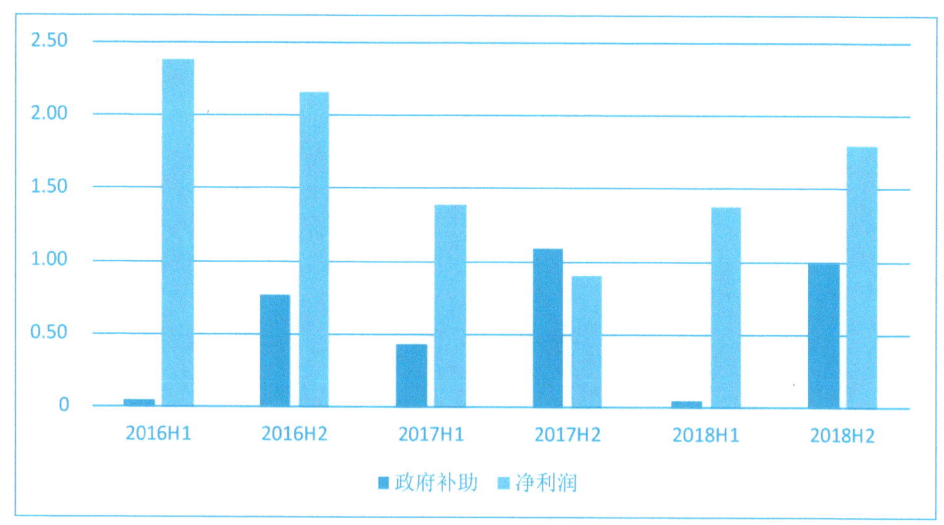

图1-9 海思科的政府补助与净利润情况（单位：亿元）

数据来源：公司年报。

五、资产减值损失与信用减值损失

资产减值损失与信用减值损失是构成非经常性损益的重要科目，也是企业管理层进行盈余管理的重要途径。利润表资产减值损失核算各类资产减值准备所形成的损失；而信用减值损失核算企业根据新的会计准则（财会〔2017〕22号）要求计提的各项金融工具减值准备所确认的信用损失。过去"坏账损失"在"资产减值损失"里核算，现在"信用减值损失"科目核算。

任何可以让资产消失的减值准备都值得重视，尤其是常用的"八项减值准备"，包括坏账准备、存货跌价准备、长期投资减值准备、固定资产减值准备、无形资产减值准备、商誉减值准备等。

资产减值损失与信用减值损失之所以重要，一方面，由于其涉及会计估计，具有一定的主观性，比如使用备抵法计提坏账准备时，需要管理层根据债务单位的财务状况，运用以往经验，对坏账准备金额作出估计；确定固定资产预计可回收金额时，需要根据固定资产消耗方式、性能、技术发展等情况进行估计。所以资产减值损失对经营业绩的影响往往不易预测。上市公司往往通过资产减值损失实现对特定年份损失或费用的过度确认，从而减少下一年度长期资产减值的压力，甚至通过流动资产减值准备转回，实现摘星保壳、改善业绩的目标。另一方面，资产减值一旦计提，部分虚增的资产以后将不易查实，所以其是企业进行财务操纵的重要工具。

医药行业中，坏账损失、存货跌价损失等在2015年之前对利润的影响是最大的，但是近几年，商誉减值损失对企业报表影响愈大，已经成为医药行业减值损失中的核心。我们在这里举一例进行说明。

医疗器械行业是并购的高发地。新华医疗是中国医疗行业并购发展道路上的先行者，而其商誉问题导致的企业困境也值得行业借鉴。这是一家具有60多年历史的医疗器械生产企业，在消毒灭菌设备领域是当之无愧的龙头。2012年新华医疗开始探索多元发展的道路，至2016年底，公司的子公司数量从2012年的不足20家发展到了80家。其中较为重要的是2013年完成收购的上海远跃和成都英德，收购这两家公司共形成了4.55亿元的商誉。

2014年以来，受GMP认证结束以及一致性评价等影响，这两家药机领域的细分龙头经营开始滑坡，成都英德自收购后就从未完成过承诺利润，甚至因为内部管理问题在 2016 年之后出现超过 5000 万元的大幅亏损，导致对成都英德商誉减值准备在 2015—2018 年分别计提了 533.66 万元、9,215.94 万元、10,067.80 万元、3,767.03 万元，2013 年收购时形成的 2.35 亿元商誉全部计提完毕。同样的情况也发生在上海远跃，两家企业的经营滑坡，除了直接影响合并报表利润，并购形成的商誉减值损失对利润的影响更加明显，如下图所示。

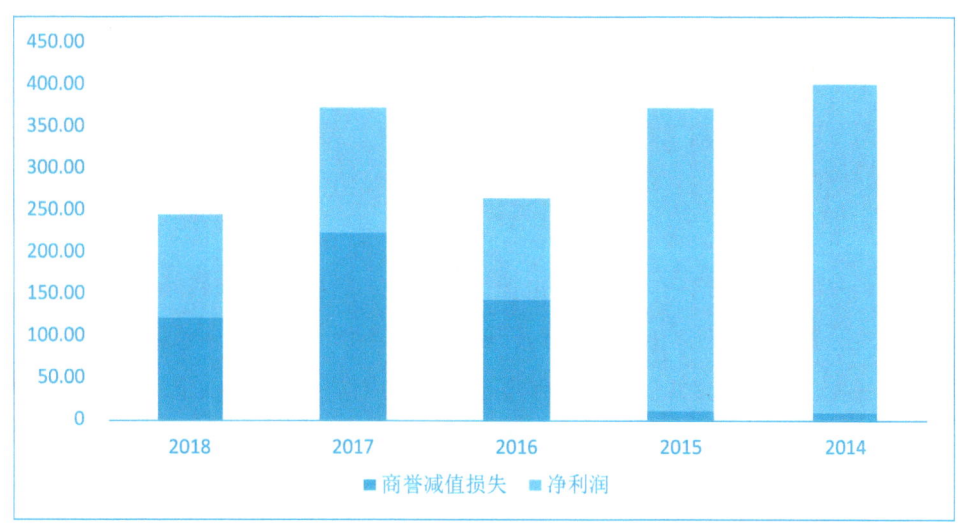

图 1-10 新华医疗 2014—2018 年商誉减值损失与净利润（单位：百万）

数据来源：公司年报。

值得注意的是，新的会计准则（财会 [2017] 22 号）将金融工具资产减值方法由之前的"已发生损失法"变为"预期损失法"。这对应收账款坏账准备计提影响较大，"已发生损失法"的特征是有客观证据表明应收账款已经发生减值，过去大家多使用账龄计提法，按照固定的比例计提坏账，一般考虑 12 个月内的减值损失。而"预期损失法"则要求对过去、现在、未来更全面地评估坏账损失风险，需要分析不同账龄应收账款的迁移率，计算违约损失率，并根据前瞻性的信息（如宏观环境、行业分析等）对违约损失率进行调整，最终加权得出预期的坏账准备。华大基因 2019 年采用了新的会计准则之后，账龄不超 3 年的应收账款坏账准备计提比例大幅上升。

第七节　净利润与相对估值

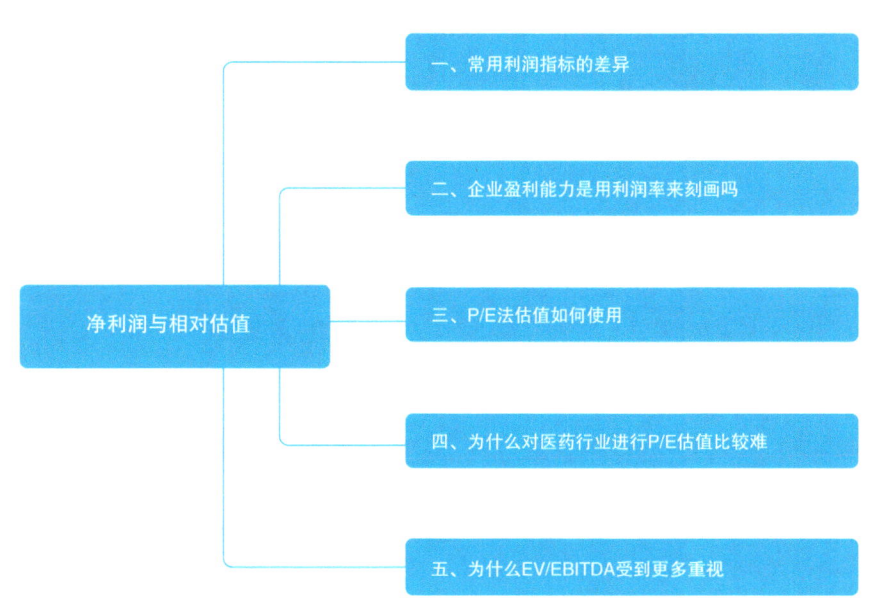

中国在对企业使用相对估值时，比较习惯使用 P/E，但是在海外，除此之外，更常使用的是 EV/EBITDA、EV/EBIT。而基于对 EBITDA 这一利润概念的认可，海外企业的某些收购对于中国企业来说是不可接受的。

比如 2015 年，美国制药企业 DepoMed（当时市值约 10 亿美元，目前改名为 Assertio Therapeutics）花费 10.5 亿美元收购了强生旗下的疼痛药 Nucynta 在美国的商业许可权，DepoMed 转型成为疼痛和神经学方面的专科药企。因为这一收购企业出现了近 10 亿美元的无形资产，从而导致这之后的每一年无形资产摊销近 1 亿美元。如下表所示，企业的利润表就出现了这样的情况，从 2015 年开始，企业的净利润持续为负，但是企业的 EBITDA 因为这一收购增长得非常明显，股市也给予了较好的反应。国内企业一般不会进行这样的收购，这与国内对不同利润概念的重视程度不同，与习惯使用的估值方式有很大关系。

表 1-30　DEPOMED 部分财务数据

单位：万美元

	2017 年	2016 年	2015 年	2014 年	2013 年
Total revenues	38,072	45,590	34,274	39,036	13,421
Cost of sales	-7,260	-8,741	-6,790	-1,515	-709
Research and development expenses	-1,372	-3,263	-1,754	-712	-807
Selling, general and administrative expenses	-19,570	-20,450	-19,935	-12,113	-10,518
Amortization of intangible assets	-10,275	-10,685	-8,334	-1,016	-455
Total costs and expenses	-42,290	-43,139	-39,314	-15,355	-12,489
Income (loss) from operations	-4,218	2,451	-5,040	23,681	932
Interest and other income	68	49	60	22	66
Interest expense	-7,355	-8,372	-7,344	-928	-91
Total other (expense) income	-6,175	-8,901	-7,284	-2,371	-474
Net income (loss) before income taxes	-10,393	-6,450	-12,324	21,311	458
Taxes	143	-2,422	4,750	-8,135	3,873
Net income (loss)	-10,250	-8,872	-7,574	13,176	4,331
EBITDA	116,540	156,385	111,203	7,144	1,626

数据来源：wind。

由此可知，在利润这一概念上，"净利润"并不是一个关于利润的完美概念，本身具有一定的局限性，需要其他类型的"利润"，如毛利润、营业利润、EBITDA、EBIT、扣非后净利润等去完善企业盈利能力的描述，他们从不同的角度揭示利润形成的来龙去脉，从而对最终净利润进行刻画。

本节内容主要是介绍各类利润指标以及与之相关的 P/E 等相对估值方法的使用。

第一章 利润表

一、常用利润指标的差异

表1-31 常用利润指标介绍

科目		利润类型	描述
营业收入			
营业成本		毛利润	产品能力
销售、管理等费用	折旧摊销	息税折旧摊销前利润（EBITDA）	产品能力、运营能力
		息税前利润（EBIT）	产品能力、运营能力、资产情况
财务费用等		营业利润	产品能力、运营能力、资产负债情况
营业外净收入等		利润总额	
所得税		净利润	综合能力
		扣除非经常性损益后的净利润	

毛利润（Gross Profit）体现的是企业的产品力，是"好生意"的衡量标准。

息税折旧摊销前利润（EBITDA）是扣除利息、所得税、折旧摊销前的利润。在毛利率接近的情况下，EBITDA的差异指向企业产品力之外运营能力的差异。相比于利润，其更接近经营性现金流的概念。

息税前利润（EBIT）和EBITDA相比，其扣除了折旧摊销，所以不仅反映企业的经营情况，还有资产状况。

营业利润（Operation Profit）包含财务费用，所以营业利润率的对比包含了企业更多维度实力的比较，反映产品、运营能力、资产状况、负债水平的不同，营业利润率也是实际工作中常用的指标。

净利润（Net Profit）是利润表的最后一行，是企业将总收入逐步分配给供应商、员工、渠道、债权人、政府后，留给股东的部分。净利润高并不代表企业的产品力好，也不能说明企业运营得好，也可能是所处融资环境更好、税收优惠更多或折旧摊销政策更有利。净利润指标受到的影响因素较多，具有一定的可操纵性，但其仍然是使用频率最高的利润指标。

·65·

扣除非经常性损益后净利润,在上一节中,我们进行了详细论述,扣非后净利润对公司主业盈利能力的刻画更为清晰,具有很高的实用价值。

二、企业盈利能力是用利润率来刻画吗

不同的行业,不同阶段的企业,利润率水平是差距较大的。我们不能说投资毛利率90%的中药注射剂行业一定好过投资毛利率5%的药品流通行业,也不能说净利润率高的生物制药子行业一定好过其他行业。实际上,衡量不同类型的企业盈利能力的指标是净资产收益率(ROE)、总资产收益率(ROA)、投入资本回报率(ROIC)等。

净资产收益率(ROE)是衡量上市公司盈利能力最有效的指标之一。其反映了股东权益的收益水平,即企业运用自己净资产的效率到底如何。总资产收益率(ROA)则是从资产的角度衡量投资回报,忽略了资本结构。投入资本回报率(ROIC)的计算公式为息税前利润(EBIT)×(1-所得税率)/投入资本(股东权益+有息负债),其衡量经营活动中所有投入资本的收益率。

这是国内规模较大的医药企业的ROE水平,我们可以做一了解。

表1-32 国内大型医药企业净资产收益率情况

证券简称	净资产收益率ROE 2014年	净资产收益率ROE 2015年	净资产收益率ROE 2016年	净资产收益率ROE 2017年	净资产收益率ROE 2018年	平均值
恒瑞医药	21.21	24.31	23.20	23.18	23.17	23.01
迈瑞医疗	14.58	11.59	29.38	46.49	34.16	27.24
药明康德	17.73	11.69	21.82	20.60	18.81	18.13
爱尔眼科	16.76	19.37	21.54	18.57	18.50	18.95
云南白药	24.80	22.51	20.03	18.63	17.49	20.69
长春高新	23.99	23.75	17.08	15.90	20.71	20.28
智飞生物	6.11	8.01	1.30	15.84	40.78	14.41
复星医药	13.20	14.12	13.90	13.15	10.16	12.91

那么 ROE 应该大于多少是合适的？是银行的贷款利率吗？还是企业所在行业的平均回报率？这里面其实是有机会成本概念的，答案应该因人而异。

通常对于风险投资来讲，一个超过 10%、稳定且可靠的 ROE 就值得关注。巴菲特在伯克希尔哈撒韦 2018 年的股东会上称其判断一家公司经营的好坏，主要取决于其 ROE，那些 ROE 不低于 20% 而且能稳定增长连续 10 年的企业才能进入其研究范畴。

三、P/E 法估值如何使用

目前估值方法主要包括以下两大类：相对估值法（P/E、P/B、P/S、EV/EBITDA 等）与绝对估值法（如股利折现、现金流折现等）。其中 P/E 估值法是相对估值法中最常用的。

同时，国内外的投资大师也对 P/E 法（市盈率）总结出不同的经验，如彼得·林奇推广使用的 PEG 法、约翰涅夫的 PER 法等。

1. P/E 如何解读？

P/E（股价/每股收益）可以从以下几个层面来认识。

一是可以理解为使用当年净利润来购买公司全部市值需要的年数。其倒数为购买这家公司股票的初期报酬率，即假设一个制药公司的股票 P/E 是 30 倍，如果企业净利润不增长且全部派息的情况下，这 30 年平均每年的收益率约 3.3%。但初期报酬率不能代表实际收益率，如果企业利润在持续增长，则收益率也在增加，且有复利效应。

二是可以反映融资成本。2018 年我国新股发行的平均市盈率为 25 倍左右，近几年医药类的定向增发平均市盈率接近 30 倍，换言之，就是上市公司将其当年盈利的全部都作为股利发放，其新股发行的融资成本不过是 3.3%~4%，所以上市公司融资成本是较低的。

三是反映投资者的信心。在市场较好的情况下，有些公司的 P/E 可能达到 100 倍，短时间内市场情绪大幅变化之后可能变成不足 50 倍，其实企业的业务并没有发生改变，变化的是整个市场的风险偏好。同时，不同投资者由于对企业的理解不同，即使在短期企业盈利预期接近的情况下，也会给同一企业差距较大的 P/E 估值倍数。

事实上，P/E 是整个市场、行业、企业在一个阶段综合的信息体现。既反映企业的经营信息，也包含风险性信息。

2. P/E 法估值的使用前提

在使用净利润指标计算 P/E 时需要注意两点。一是判断企业的利润组成是否是稳定可持续的，医药原料药企业因为业绩具有周期性而不适合使用 P/E 方法。做盈利预测最好做 3~5 年或更长时间的预测，可预测性好的公司市场往往都会给溢价。

二是由于企业净利润核算受到的影响因素较多，具有可操纵性，使用者需要对企业的净利润进行评估，如果非经常性损益占比高可以结合使用扣除非经常性损益净利润这一指标；也可以根据对企业个性化的理解，对其净利润进行调整，比如对于异常增加或减少的费用、大幅增加的公允价值变动损益、大额资产减值损失等进行调整。

3. 市场习惯使用的 PEG 是否合理

PEG 是市场常用指标，美国著名投资人彼得·林奇将这一指标推而广之，其是企业 P/E 与未来至少 3 年的利润增长率（Growth）的比值，比值高于 1 则有被高估的可能，其弥补了 P/E 法对业绩动态成长估计的不足。

但对 PEG 模型推导后，PEG 在一定条件下为 r（预期收益率）平方的倒数，即在预期收益率为 10% 的情况下，PEG 约为 1。所以 PEG 为 1 是一个经验值，并不具有绝对性。

强生（J&J）和默克（Merk）等海外成熟的制药企业，无论是收入还是利润端都很难维持 10% 以上的复合增长，也不妨碍市场给予 20 倍甚至 30 倍以上的估值。一般过高的增长率（如高于 50%）或者过低的增长率（如低于 15%）都不太适合使用 PEG 法；且一个只能成长 3 年和持续成长 10 年的公司估值显然是不同的，PEG 法主要是对短期成长性的评估，对股票长期成长性和盈利质量反映不足。

四、为什么对医药行业进行 P/E 估值比较难

1. 在研新药对企业估值影响愈大

国内创新药近几年开始成为医药行业重要的资产，新药研发管线的估值成为医药企业估值的重点和难点。但是由于创新药研发周期长，投资额度大，短期利润体现有限，P/E 等相对估值法使用受限。

2. 医药行业的不确定性事件较多

有人说，海外医药企业的 CEO 总是在把控市场的不确定性，国内医药企业的 CEO 总是在把控政策的不确定性。

新药的开发推广可能是世界上最复杂最难的工作之一。Vertex Pharms 的丙肝药物 Incivek 2011 年上市，一年后销售额即超过 10 亿美元，但没人能预测到 2014 年 Gilead 推出的 Sovaldi 有突破性的疗效，Incivek 退出市场。多数产品较难给企业带来超值的回报，低于预期的销售额和利润是常见的事，IMS 2016 年披露的数据显示，从 1996 年至 2015 年的 20 年间，FDA 批准了 667 个新分子药品上市，其中只有 19 个在上市 5 年内销售超过 10 亿美元，概率不足 3%。

而国内医药企业对政策敏感度较高。这些年无论是基本药物目录制度、仿制药一致性评价还是两票制、集采等，都给企业的业绩带来较大的不确定性。这些不可把控的风险影响着企业的净利润，更影响着投资人对企业发展的信心。

3. 企业经营的预测难度大

对于利润表的预测，需要对每个产品的收入作出合理推测，对各项费用的变化有合乎情理的假设，从而才能获得具有参考意义的净利润。但在实际工作中，如无重大事件发生，公司过去三年各项指标的增长率是对应指标未来推测的重要参考。但是事实证明，无论多么优秀的、稳定的公司在经营中总会遇到困难，长期稳定基本是不可能的事情。

恩华药业在 2015 年之前，是教科书一样存在的上市公司。作为国内精麻领域的小龙头，公司拥有壁垒极高的麻醉产品，有合理的产品线布局以及口碑良好的管理层。其有持续多年的高增长率、超过 20% 的 ROE、良好的偿债和运营指标，以及很少跌下 40 倍 P/E 的坚挺股价。正是出于对公司的过去辉煌业绩的迷信，很少有投资人意识到企业在 2015 年会遇到困难。

2015 年，恩华药业主要业绩贡献产品利培酮普通片遭遇招标较大幅度降价；咪达唑仑、依托咪酯等老产品也由于二次议价影响增长放缓；除了外在因素，恩华药业自身的销售团队也出现了较大的调整。2015 年恩华药业的实际经营状况如表 1-33 所示，实际结果与市场当时主流的预测相去甚远，这是公司自 2008 年上市以来第一次遭遇业绩悬崖。净利润预测需要考虑许多内外部的风险因素，而很多因素是难以察觉的。

表 1-33　恩华药业 2015 年盈利预测与实际经营情况

单位：百万元

	2015A	2015E	2014 年	2013 年	2012 年	2011 年	2010 年	2009 年	2008 年
营业总收入	2,766.57	2,758.79	2,501.36	2,236.08	1,982.50	1587.50	1,300 61	1,110.94	952.50
工业收入	1,475.83	1,510.47	1,315.72	1,098.96	915.53	730.47	603.89	525.56	443.4
同比（%）	12.17	14.80	19.72	20.04	25.33	20.96	14.90	18.52	26.37
营业利润	293.89	334.00	259.47	203.17	163.90	118.66	87.06	62.57	47.62
同比（%）	13.26	28.72	27.72	23.96	38.13	36.30	39.12	31.41	40.47
归属母公司股东的净利润	258.35	300.09	223.27	176.25	139.70	105.65	76.44	54.67	40.70
同比（%）	15.71	34.41	26.68	26.17	32.23	38.22	38.25	34.33	52.69

数据来源：wind。

五、为什么 EV/EBITDA 受到更多重视

1. EBIT 与 EBIDTA 介绍

海外实务中，EBIT 与 EBITDA 的使用非常广泛。如仙琚制药 2017 年以 1.1 亿欧元收购两家意大利甾体产业相关企业，在其收购披露的公告中，关于利润表只披露了营业收入、EBIT、EBITDA 数据，甚至没有净利润。

表 1-34　仙琚制药披露收购对象 Newchem S.P.A. 利润表数据

单位：万欧元

项目	2017 年 1-3 月	2016 年年度
营业收入	1775.10	6324.62
息税前利润（EBIT）	493.55	1440.83
息税折旧及摊销前利润（EBITDA）	538.06	1575.80

数据来源：公司公告。

EBITDA 是一个年轻的盈余指标，诞生在 20 世纪末的美国，它的诞生，一是由于新兴行业的估值评价需求，对于初期资产投入巨大的行业，比如互联网行

业、电信行业等，由于固定资产或网络建设需要长时间巨大的投入，折旧摊销对企业净利润指标的扭曲较大，所以 EBITDA 成为企业实际经营成果的理想评价指标。当然，更深层的原因是 EBITDA 比营业利润、净利润等显示更多的利润，是资本密集型行业、高杠杆经营企业在计算利润时的一种人为选择。

二是由于海外企业在进行杠杆收购时，EBITDA 更能体现企业主营业务产生现金流的能力，可快速检查被收购公司是否有能力来偿还融资的利息。在这样的背景下，EBITDA 这个既具有盈利色彩，也具有经营性现金流色彩的指标被广泛使用。

EBITDA 在国内的使用并不主流，具体到医药行业，海外医药企业经常会花巨资引进产品，导致产生巨大的无形资产和摊销，企业的 P/E 估值受到较大影响。而国内企业的收购目前还是小规模为主，直接影响净利润的收购并不是企业的首选。

2. EV/EBIDTA 相对估值的特点？

这里着重说 EV/EBITDA，它是和 P/E 使用频率同样较高的指标。EV 是企业价值，可以简单理解为公司市值与负债之和。EV/EBITDA 对公司的评估其实更加全面，EBITDA 包含了股东的收益与债权人的利息，EV 包括了股东的市值与债权人的市值；而 P/E 的 P 与 E 分别代表了股东的市值和收益，可以看出 P/E 是从股东的角度出发，而 EV/EBITDA 则是从全体投资人的角度出发。

EV/EBITDA 不受企业融资政策的影响，不同资本结构的企业在这一指标下更具有可比性，不同折旧状况的企业也更具可比性。比如两家同一领域的制药企业，净利润规模接近。其中 A 药厂两年前为了扩产而大规模举债，新的生产线投入使用后，产生了较大的折旧与利息费用，对利润产生一定影响。如果只用 P/E 估值法，两家企业的估值可能比较接近；但是 EV/EBITDA 却能反映出 A 药厂更高估值的必要性。

EV/EBIDTA、P/S、P/B 都是 P/E 的良好补充。在实际使用时，相对指标的使用需要选择合适的可比对象，在同一个行业的不同公司有很多的不同之处，比如技术积累、人员结构、资产质量等，不能因为类似就直接参考估值倍数，需要仔细斟酌。

第二章 读懂医药行业资产负债表

第八节　资产负债表与货币资金

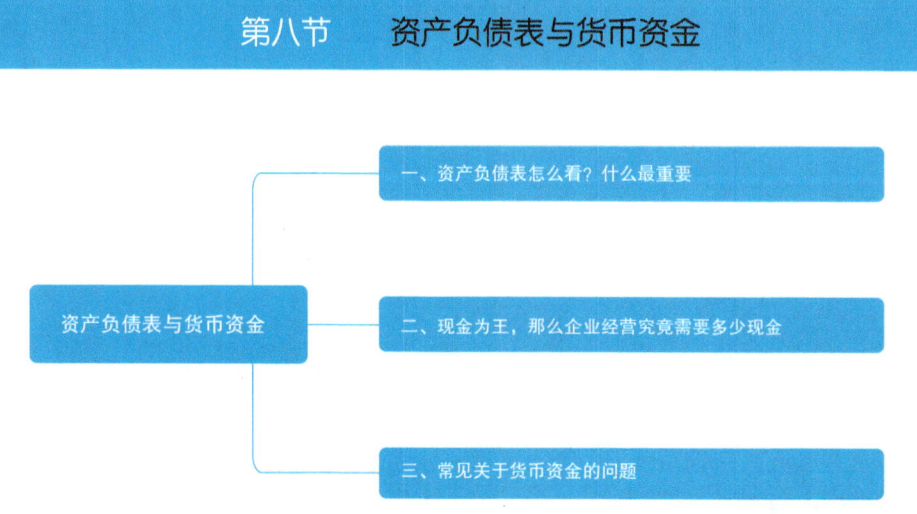

资产负债表是三张报表中最古老的，其存在的历史超过 500 年，利润表和现金流量均是 20 世纪的产物，所以资产负债表也是企业最为本质的一张报表。资产负债表的结构和变动深刻揭示了企业基因的差异。

图 2-1　资产负债表示意图

一、资产负债表怎么看？什么最重要

资产负债表从右往左看，是企业通过各种方式获取资金，变成各类功能不同的资产。资产端从上往下看，是不同资产按照流动性差异排序，越靠下的流动性越低，同时，部分越靠下的资产收益率越高。负债端和股东权益从上向下看其实也较为类似，股东的投入是时间最长、收益往往也是最高的。

图2-2 资产负债表具体科目示意图

对于资产负债表,可以通过三个角度来分析。

1. 资产负债表壮大是不是一定是好事情?——看企业拥有什么资产

企业不断地成长一定是伴随着利润表和资产负债表的扩张。但是如果你看到一家企业的资产规模以远高于行业平均的水平在增长,这其实并不能说明企业干得有多好,这可能只不过显示有很多项目需要资金的支持(比如存货、应收账款)。但很多企业资产负债表的壮大确实也是盈利增长驱动的。

这提示我们一个企业总资产多少是一回事,各类资产的占比又是另一回事。

比如在医药各细分行业中,资产规模偏大的基本都是有流通业务的企业,这个子行业属于资金密集型行业,需要通过资产负债表的扩张来实现业务的扩张。流通行业公司的流动资产一般占总资产的近80%。

国内医药行业资产规模最大的企业可以算得上复星医药与科伦药业。我们可以看看它们资产结构的明显不同以及所代表的两种发展模式。

表2-1 2018年复星医药与科伦药业不同资产占比情况

	复星医药	科伦药业
流动资产:		
货币资金	12%	6%
应收票据及应收账款	6%	23%
存货	5%	10%
流动资产合计	26%	43%
非流动资产:		
长期股权投资	30%	8%
固定资产(合计)	10%	38%

续表

	复星医药	科伦药业
在建工程	3%	3%
无形资产	10%	3%
商誉	13%	1%
非流动资产合计	74%	57%
资产总计：	100%	100%

数据来源：公司年报。

在复星医药的资产中，长期股权投资、固定资产、无形资产、商誉属于占比较高的资产类型。复星偏好通过持续对外收购、兼并重组来构建企业的护城河。

而在科伦药业的资产中，固定资产、在建工程、应收账款是占比较高的资产类型。科伦从一家以输液为核心的企业，发展为向上控制重要原料药、向下不断推进新药研发的制药企业，其增长主要靠内部驱动，很少来自外部，商誉总额不到2亿元。大规模固定资产投资，给科伦药业未来的增长打下了坚实的基础。

但有一点是相似的，他们更多的资产都在非流动资产领域，也就是在更有可能长期创造价值的资产当中。实际上，更多的医药企业资产多分布在流动资产上。

2. 资产负债表壮大是不是一定是好事情？——看资产的质量如何

医药企业资产负债表尤其需要重视应收账款、其他应收款、存货、在建工程、商誉、无形资产等资产质量。

利润表的水分都会在资产负债表中留下痕迹。虚增虚减的利润都使得股东权益的未分配利润发生偏离，来源就是资产端的虚增虚减。存货、应收款项、固定资产、在建工程都是常见问题科目。比如农业类公司由于利润表造假成本低（税收优惠力度大）、交易凭证缺失以及存货不易盘查成为资产造假的重灾区，医药行业中农业属性强的子行业如养殖行业、草药种植加工贸易行业、部分原料药企业在财务分析上应该给予更多的重视。同时，在建工程、固定资产占比明显高于同行业的公司应予以重视。

3. 资产负债表壮大是不是一定是好事情？——看资金的来源

供应企业发展的资金来源分为三类，一是留存收益等内部资金，二是债务融资资金，三是股权融资资金。

如果资产的壮大多是由于留存收益的积累,这应是最好的情况。其次是通过股权融资,一般股权融资更容易在公司资产质量较高、企业潜力较大时发生,且使用期限长。而通过发债或者借贷对公司经营的要求更高,如果内外部经营环境产生较大变化,容易导致公司出现危机,甚至破产。当然,股权融资和债务融资各有利弊,需要匹配企业的需求。同时,还需分析短期资产、长期资产与短期资金、长期资金的匹配程度;分析资产结构、资金来源结构与所在行业的匹配程度。

二、"现金为王",那么企业经营究竟需要多少现金

"现金"是企业的血液。

在面对企业的财务报表时,我们经常会问,企业的现金够不够用?会不会出现流动性危机?是不是需要大规模的融资?

回答这些问题,实际上是要了解企业的最佳现金持有量,最佳现金持有量是指现金满足生产经营的需要,又使现金使用的效率和效益最高时的现金最低持有量。

1. 企业的资金是如何循环运营的

企业所有经营活动均以现金为纽带,现金是资金流转的起点和终点,贯穿于企业经营活动的全过程。

现金的流向无非是两个,一个是形成资产,一个是作为费用。

从形成资产的角度讲,现金循环运营的过程是:现金→购买原材料(存货)→半成品(存货)→成品(存货)→商品销售→产生应收账款→现金,如图2-3所示。

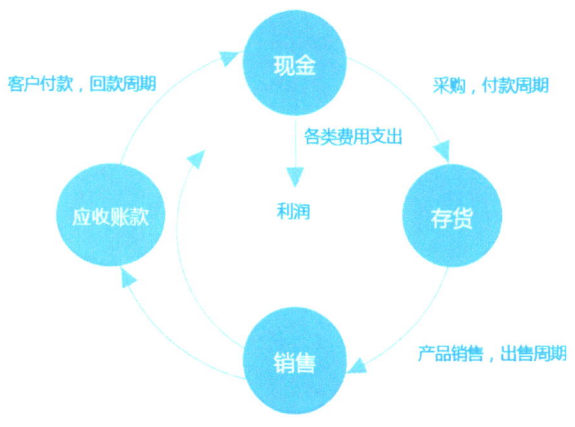

图2-3 企业现金循环图

从形成费用的角度讲，现金可以支付经营费用、工资、租金、水电杂费等。

对于经营来讲，一方面现金需要支付各类费用；另一方面，采购、生产、销售过程形成的存货以及应收账款是企业沉淀资金较大的地方；采购过程形成的应付账款等经营性负债是企业节省资金的来源。

2. 从现金周转角度计算最佳现金持有量

如图2-3所示，如果一家企业运营既没有应收账款，也没有存货，则这家企业即使是收入大幅增长，也不存在现金需求，其收入就可以覆盖所有的费用，最后产生利润。但是大多数企业都有可观的应收及存货，都有资金沉淀，更多的收入意味着有更多的资金被占用，则现金需求量即是弥补这部分的沉淀。

我们从中国银保监会对各银行进行企业贷款的指导文件《流动资金贷款需求量的测算参考》来了解资金敞口的计算方法，其公式为：

营运资金量=上年度销售收入×（1-上年度销售利润率）×（1+预计销售收入年增长率）/营运资金周转次数

其中，营运资金周转次数=360/（存货周转天数+应收账款周转天数-应付账款周转天数+预付账款周转天数-预收账款周转天数）

公式的实质是按比例预测营运资金需求量，并剔除预测期留存收益。此公式的使用前提，一是企业的营运资金周期是较为稳定的；二是应收票据、应付票据、其他应收、其他应付等影响不大；三是企业的资金收支较为均衡，没有明显的时点需求。在实际工作中，这些前提并不一定具备，需要根据企业具体情况进行变通和调整。如测算周转天数时，流动资产与负债的平均余额可以用每月数据进行算术平均代替，而非年初年末数据。

医药行业的营运资金需求量约占销售收入的20%～30%，与实际的货币资金占比是接近的。同时，与细分行业有关，如表2-2所示。在银行信贷实务中，流动资金贷款额一般不超过年销售收入的20%。

表2-2　A股医药行业营运资金周转次数

板块	2014年	2015年	2016年	2017年	2018年	均数
SW医药生物	4.33	3.77	3.83	3.52	3.49	3.79
SW化学制药	3.73	3.38	3.02	3.13	3.64	3.38
SW中药Ⅱ	3.17	2.40	2.75	2.26	1.93	2.50

续表

板块	2014年	2015年	2016年	2017年	2018年	均数
SW生物制品Ⅱ	3.61	3.26	2.37	1.87	2.28	2.68
SW医药商业Ⅱ	7.00	6.98	7.04	6.51	5.85	6.68
SW医疗器械Ⅱ	2.54	2.32	2.13	2.13	2.97	2.42
SW医疗服务Ⅱ	3.16	3.47	4.62	4.38	6.40	4.41

数据来源：wind。

这里需要说明的是，广义的"营运资金"一般是指流动资产减去流动负债。"净营运资金"是指剔除货币资金以及有息负债后的营运资金，即主要包括应收款项、存货、应付款项及预收款项等。公式中的营运资金概念与实际工作中的"净营运资金"概念接近。

3. 从财务管理角度预测现金需求量

企业对资金的需求也并非只有交易性需求，还有预防性需求以及投机性需求。现金周转模型更加注重交易性需求，存货模型、成本分析模型和随机模型对其他需求也有兼顾，其中随机模型的应用较为普及。其前提假设与现金周转模型不同，即认为企业未来现金流入流出在整个期间内不可预测且呈不规则波动，这与一些企业的实际情况较为接近。

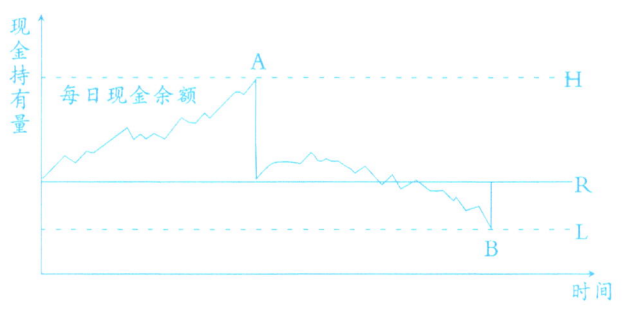

图2-4 随机模型现金持有量示意图

随机模型根据企业过去每日现金余额勾勒出一个现金持有量的波动图，通过企业最低现金持有量L以及现金余额的标准差δ，计算企业最佳现金持有量R以及现金持有量上限H，当企业的现金余额超过上下限时，需要将现金转化为有价证券或将有价证券转换为现金。

$$R = \sqrt[3]{\frac{3b\delta^2}{4i}} + L \qquad H = 3R - 2L$$

其中，b 为每次有价证券的固定转换成本；i 为有价证券的日利息率。

随机模型等多是企业内部决策使用，需要翔实的数据支持，在实际应用中也有很多需要调整改进的地方。

4. 从现金流量表的角度看企业现金持有量

经营活动产生的现金流量、投资活动产生的现金流量与筹资活动产生的现金流量是现金流量表的三个重要组成部分。

企业为什么要做短期融资？一个基本需求即是支持经营活动，短期投资活动并不是必需。那么对于有短期借贷的企业而言，其货币资金及具有理财性质的金融资产应该至少大于短期借贷资金，或者说，企业有能力偿还短期贷款。以此可以计算企业货币资金的安全持有量。

三、常见关于货币资金的问题

1. 为什么有些企业现金充足，但也会存在高额债务

首先要有个标准，什么叫作现金充足且负债额高。一家有息债务较高的公司由于现金的周转需求，会存在大额货币资金的可能，不能由此就判断公司是有问题的。

简单来说，如果公司的货币资金（可合并理财资金）和短期借款（可合并长期借款、应付债券等金融性负债）占总资产的比重均超过20%，且持续高于行业平均水平，可以判断为存贷双高。康美药业2013年后的财务数据均出现存贷双高的特征。

如果公司的货币资金平均收益率（利息收入除以当期货币资金平均余额）低于当期活期存款利率，则应引起警惕，以下为一些常见的原因。

（1）受限货币资金披露失实

上市公司康得新2018年底15亿元超短期债务违约引起市场广泛关注，截至2018年第三季度，其短期负债110.06亿元，而其资产负债表上的货币资金高达150.14亿元。这样具有良好流动性的公司也出现了债务违约。究其原因，是由于存在大股东占款问题，但是没有公开披露。

受限资金一般会在财务报表附注中单独披露，如质押存款、保证金类资金，也有可能是被大股东占用或为其提供贷款质押、担保。

以医药领域的上市公司金花股份为例，这家坐落于西安的中药企业，主要生产人工虎骨制剂。2004年，金花股份自查发现其控股股东金花投资占用公司资金6.02亿元，其中金花股份以2.85亿元存单质押的方式为控股股东金花投资及其关联公司提供全额银行承兑保证，该项业务于2005年6月到期。但金花投资及关联公司未能如期归还，导致上市公司2.85亿元存款被银行扣除。

受限货币资金披露失实，一般和大股东资金紧缺直接相关，可以查看大股东的股权质押情况。

（2）货币资金临时充实

货币资金是期末金额，是时点数，因此，有些财务指标不理想的公司为了使报表看起来更好会在季末、年末等时点拆借资金。这种资金的拆借通常情况下不是通过短期借款，而多是通过其他应付款的增加完成的。

（3）集团公司业务类型丰富，子公司多

集团公司有时面临这样一种情况，即某些子公司现金富裕，而另外一些贷款较多，所以合并报表后就会出现货币资金与债务双高的情况。

（4）货币资金造假

货币资金造假的难度是资产科目中最高的，需要伪造银行对账单、询证函等信息，现在的审计手段很容易查出问题。但是对于大型企业来说，可能存在成千上万个账户，对于审计人员来说，时间有限无法一一核实金额。更难的是，在某些情况下，银行与企业存在"抽屉协议"。

康美药业是我国中药材饮片领域的龙头企业，也曾是医药板块中的白马股票，但2019年康美药业造假案件使得其跌落神坛，并造成较为恶劣的社会影响。2019年8月16日，中国证监会对康美药业财务造假案作出处罚决定，其报告显示康美药业使用虚假银行单据虚增存款，2016年、2017年、2018年分别虚增货币资金225.49亿元、299.44亿元、361.88亿元。

一般来说，如果货币资金存在造假的可能，那么其他资产科目的可信度都很低，现金流量表也没有参考的价值。

2. 为什么一些经营出色的企业也会破产

2018年，OFO单车事件让人们对企业运营资金的重要性有了更进一步的认识，事实上，一些经营正常甚至成长性非常好的企业也容易发生破产。比如企业成长过快，企业的成长性如果好于企业自身的估计，那么可能由于企业无法预估出运营所需的资金量，而发生经营过程中资金链断裂的情况，这被称为"成长性破产"，在行业景气度很好时因企业快速扩张更容易引发成长性破产。近几年，医药创新性企业如雨后春笋，在风险资金的助力下，部分企业的成长和扩张较快，但几年后，随着风险投资景气度的周期性回落，我们可能会在这个队伍里见到不少"成长性破产"的案例。

而另一种情况，是某些企业主业发展良好，现金充足之后往往开始进入加速并购或多元化发展阶段，这往往伴随着更多的未知，资金链安全性的盲点增多。医药行业的三九集团就是一个典型，三九集团从一家20世纪90年代初生产"三九胃泰"的小厂，10年时间发展至销售额超过百亿元的国内龙头企业，并逐步多元化发展，拥有超过400家子公司。但2004年国家开始对地产行业实施紧缩政策后，三九集团在一些地产项目上出现的巨亏，最终导致了债务危机。

3. 现金多多益善吗？什么样的企业算现金多

如上所述，最佳现金持有量的计算是在寻求满足企业经营需求的现金最低持有量。很显然，现金不是多多益善。现金资产过多不仅有机会成本，还有代理成本，即公司管理层对充裕现金非理性使用的问题。

医药行业中很多中药和器械公司看上去现金在资产中的占比很可观，比如片仔癀、迈瑞医疗，现金资产占总资产比例均超过40%（2018年数据），但多是由于营运资金需求高导致的，这样的企业并不算现金多。现金资产多是指在剔除了营运资金后企业的货币资金在收入中占比高。

如果把企业的货币资金及具有理财性质的金融资产看作企业可灵活支配的资金池，则其在资产中的占比是较为可观的。对于A股的医药板块来说，具有理财或短期投资性质的资金占收入的比例在10%左右（以现金流量表"收回投资收到的现金"为基础调整），相对营运资金在收入的占比20%~30%已经不算少，这些资金使用是否合理，在某种意义上是和企业的资产负债率是否合理是一个问题。

4. 为什么有的公司会选择回购股票

拥有充裕的现金，有些企业会选择回购股票，这在成熟市场是常见的行为。2018年受益于美国政府的减税计划，美股大量公司因有更多的现金资产而启动了股票回购计划，包括辉瑞、强生、艾伯维等大型制药公司均推出了百亿美元的回购计划。

企业回购股票的行为实际是通过减少流通股来调整资本结构，并提高每股收益，从而提高股票的价值。这成为公司提振股价、防止被恶意收购的重要工具。

第二章 资产负债表

第九节　应收账款

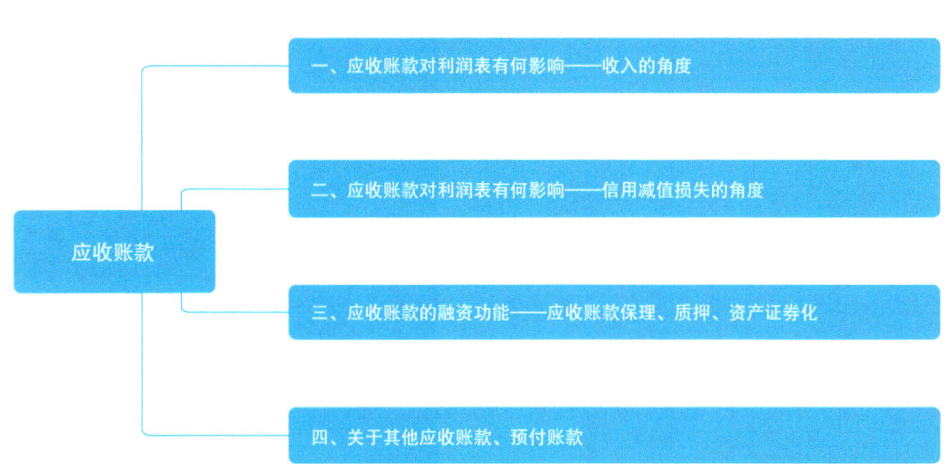

与别的行业不同，多数医药行业企业基本上不与最终消费者接触，医药行业长期以来形成一种多级渠道的经销模式，他们的客户就是各级渠道经销商。A企业需要更出色的增长，管理层批准了大量不符合条件的中、小型医药批发公司成为公司的一级经销商，导致一级经销商客户规模及实力严重不均，他们为了拿提成、拿折扣任意降低药品价格，四处串货，严重干扰了正常销售价格，价格的混乱又导致其他正规一级经销商无法从推销公司产品中获利，丧失了销售动力，造成正规大客户销量下滑，这种局面进一步逼迫销售团队无原则性地申请赊销额度，开发更多的中小型客户，在付出较高的新客户开发成本的同时还造成应收账款逐年上升，进入一种非良性的循环状态。

这是一家在公开资料披露的医药企业的经营难题。在"两票制"实施之前，医药制造业企业常会面对这样的情况，在销售管理上如果不激进，收入增长会陷入停滞；给了激进的开发政策，面对的除了难以管理的经销商队伍，还有更难以管理的应收账款。想了解一家公司的实际经营状况，第一件事应该看的就是应收账款和存货，如果应收账款和存货的增长过快，说明部分收入可能还"隐匿"在应收账款中，部分成本还"隐匿"在存货中。

无论是应收账款、应收票据，还是其他应收款、预付账款，我们讨论的都是具有债权性质的流动资产。其有两层含义,一是债权,即没有实体性质;二是流动资产,即能在一年或一个经营周期内变现的资产。

本书主要讨论应收账款、其他应收款、预付账款。

一、应收账款对利润表有何影响——收入的角度

在2017年之后多数行业资金趋紧的情况下,判断一家企业竞争力一个非常直观的指标就是"应收账款",应收账款如果相对于收入、存货不合理增长,账期明显延长,就要对公司的竞争力进行重新评价。

医药行业2016—2018年的应收账款周转率在4~6次/年左右;应收款项(应收账款与应收票据合计)的周转率在3.5~5次/年;细分行业差异较大。

1. 关于压货

多数医药行业企业没有自建销售渠道,给经销商压货是常见情况,而压货往往伴随着放松信用条件。

本书第一节即对收入的增长和应收账款增长的关联性进行了介绍。企业对市场快速占领的战略需求,经销商对代理权、返利的需求,销售人员对奖金、晋升的需求都是压货的原因。尤其是企业对经营业绩有较高的目标或者销售人才队伍有较大调整时,压货量往往更大,IPO、借壳上市企业常常会出现这样的情况。

2017年医药行业IPO失败的港通医疗是其中一例,其首发失败很重要的原因是监管机构认为其应收账款占比过高且增长过快。2014年、2015年以及2016年,港通医疗应收账款余额占营业收入的比重为58.99%、81.31%和87.99%。

大额压货不但会牺牲企业的流动性,还有较高的赋税成本,这种透支未来的收入确认行为可以从收入、应收账款、经营活动现金流入的稳定性看出端倪。

2. 关于外部因素

除了公司主动的压货行为外,行业政策的变化、行业竞争格局的变化、客户结构的变化都会导致应收账款周转率的变化。

2008—2018年A股医药行业应收账款周转率的变化情况如图2-5所示。整个医药板块近10年应收账款周转率总体都处在下降趋势中,其原因指向全国药品和器械最重要的支付方——医院、医保部门对产业链日趋强势地控制影响,无论是价格还是购销政策。

同时,化药板块与中药板块在2016年之后周转率变化的差异,来自国家对中

药辅助用药和中药注射剂严格的使用管理,很多独家品种优势不在,使得中药板块应收账款周转率持续降低,但也使得非中药板块在资金周转上获得了相对优势。

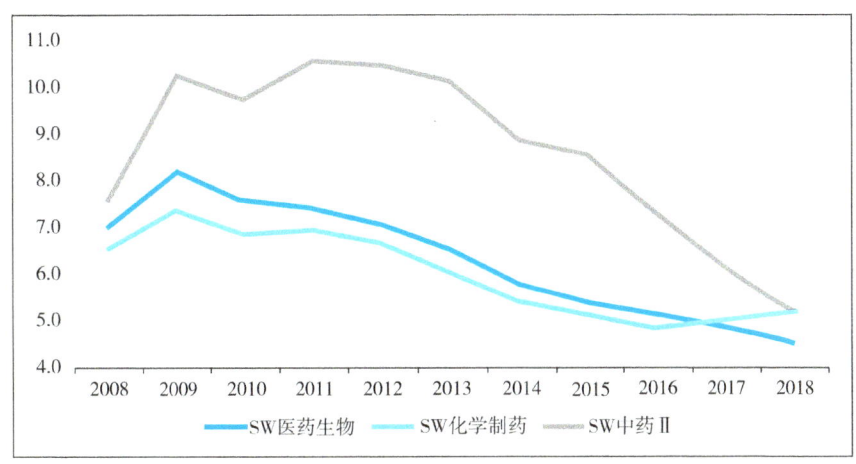

图 2-5　2008—2018 年 A 股医药不同板块应收账款周转率情况

我们在考虑企业本身的销售政策之外,也要注意到整个行业政策对公司的影响,从而更好地理解企业的财务指标变化。

3. 关于虚假应收账款

利润造假多数都伴随着收入造假,而收入虚增多数都伴随着应收账款的虚增,应收账款造假的成本并不高,所以很常见。

据统计,1994—2018 年 A 股上市公司共发生违规案件 6003 起,其中涉及会计造假 1438 次。在虚构收入和利润的造假中,应收账款造假占比超过八成。

对应收账款真实性的评估,我们无法了解合同条款、发运凭证、存货流转的信息,但可以通过以下信息进行推测。

(1) 应收账款周转率低,或新增应收账款占收入比例高

如果公司的应收账款周转率明显低于行业均值,但毛利率却较高,则需要引起重视,这是判断公司虚假收入的一个很重要的方法。同时,医药行业中如果一家企业新增应收账款占当年收入的 20% 以上,就需要深入分析。

(2) 应收账款前五名客户情况异常

如应收账款前五名客户的集中度过高;新增客户成立时间短或其特征与行业不符;前五名客户是公司或公司大股东的关联方,或者有其他资金往来;应收账款前五名客户与公司前五大客户匹配性较差,这些都是应收账款的异常情形。一

般交易所对上市公司收入真实性提出质疑时,会要求上市公司披露这些内容。

(3) 有大额应收账款坏账计提历史

如果有大额应收账款长期挂账,或公司过去有大额的坏账计提历史,需要引起注意。

二、应收账款对利润表有何影响——信用减值损失的角度

1. 关于坏账准备计提准则

应收账款的坏账准备计提,对应着利润表里资产减值损失的"坏账减值损失",执行新会计准则的企业则对应为"信用减值损失"。医药行业目前较常使用的是个别认定法结合账龄分析法的坏账计提方法,执行新金融准则的企业则以预期信用损失法计提坏账准备。

一些公司会因为业务结构的变更、国家政策的变化等原因而改变应收账款坏账准备的计提方法。这里以中国医药为例来说明。

上市公司中国医药的大股东通用集团在2013年完成了在集团层面医药业务的重组,由上市公司中国医药吸收合并上市公司天方药业,并启动定向增发。2014年初,公司变更了关于应收账款坏账准备计提和固定资产折旧的会计政策。应收账款坏账准备计提准则的变更原因是:随着中国医药重大资产重组的完成,公司业务模式更趋于多元化,由于各企业业务差异,现有坏账计提政策不能客观地反映公司应收账款的风险。坏账准备计提变更情况如下。

表2-3 中国医药等公司2013年应收账款坏账准备计提准则及变更情况

	柳州医药	九州通	上海医药	嘉事堂	瑞康医药	国药股份	中国医药 变更前	中国医药 变更后
6个月以内	0.25%	0.50%	0.50%	1%	1%	5%	5%	0~3个月 0
7~12个月	5%	0.50%	0.50%	1%	5%	5%	5%	3~12个月 5%
1~2年	10%	5%	50%	5%	50%	10%	15%	15%
2~3年	20%	20%	100%	20%	100%	30%	40%	40%
3~4年	40%	100%	100%	50%	100%	50%	70%	70%
4~5年	70%	100%	100%	70%	100%	80%	70%	70%
5年以上	100%	100%	100%	100%	100%	100%	100%	100%

数据来源:公司年报。

一般商业企业的应收账款主要以6个月以内的账期为主，从表中可以看出，中国医药同期坏账计提比例是最高的，说明会计政策最为谨慎。随着重组后商业业务结构的变化，其计提政策变化具有合理性。计提政策变更减少了中国医药2013年度资产减值损失7000万元至9000万元，增加其2013年度净利润5250万元至6750万元。

在这之后，多家同行业公司如上海医药、瑞康医药、国药股份分别在2015年、2016年、2017年变更了其应收账款坏账准备计提政策。

2. 关于坏账转回

应收账款坏账准备计提后，如果计提坏账的应收账款日后收回了，则收回年度该笔应收账款应计提的坏账准备降为零，形成原已计提的坏账准备转回的结果；日后这部分应收账款确实不能收回，则应核销。

表2-4是上海医药2014—2018年资产减值损失的情况，2017年的资产减值损失额较小，图2-6是上海医药2017年资产减值损失的具体情况，可以看出2017年其"应收账款及其他应收账款坏账（转回）/损失"一项为负值，与2016年这一项的差额约4.4亿元。

这是由于上海医药在2016年对一笔金额高达3.2亿元的"单项金额重大并单独计提坏账准备的应收账款"100%计提了坏账准备（这个单笔坏账计提金额属于较为罕见的），2017年这笔应收账款收回了，减少了上海医药当年的坏账准备计提金额，导致当年坏账损失为负，大幅增加了当年利润。

表2-4 上海医药2014—2018年利润表部分摘要

单位：亿元

	2018-12-31	2017-12-31	2016-12-31	2015-12-31	2014-12-31
营业收入	1,590.84	1,308.47	1,207.65	1,055.17	923.99
YOY	22%	8%	14%	14%	
资产减值损失	9.96	0.81	4.46	3.51	2.84
YOY	1130%	-82%	27%	24%	
归属于母公司所有者的净利润	38.81	35.21	31.96	28.77	25.91
YOY	10%	10%	11%	11%	

数据来源：公司年报。

	2017年度	2016年度
应收账款及其他应收款坏账(转回)/损失	(64,312,024.36)	377,389,496.54
存货跌价损失	68,943,617.79	64,136,958.79
商誉减值损失	52,694,487.36	—
固定资产减值损失	23,293,421.89	4,816,300.92
投资性房地产减值损失	575,289.01	—
	81,194,791.69	446,342,756.25

图 2-6　上海医药 2017 年度资产减值损失情况（单位：元）

数据来源：公司年报。

瑞康医药也发生过大额的坏账转回。2017 年一季报瑞康医药净利润同比增长 294.95%，主要原因是新的坏账计提政策所致，瑞康医药由于已经在 2016 年变更了应收账款坏账计提比例的会计估计，新旧会计政策导致 1.86 亿元的坏账差额，这一部分坏账在 2017 年转回，从而导致 2017 年一季报资产减值损失为 -1.73 亿元，使得净利润大幅上涨。

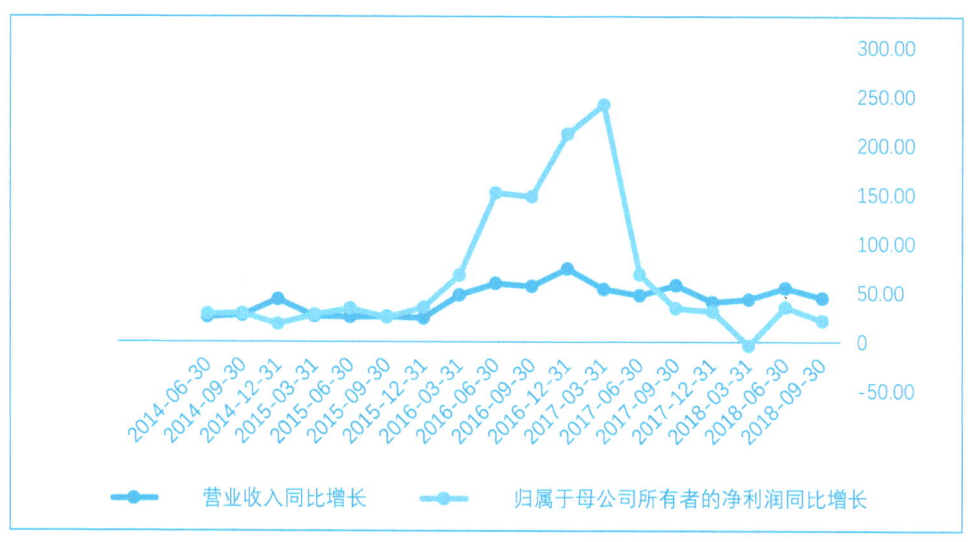

图 2-7　瑞康医药 2014—2018 年单季度收入与净利润同比增长（%）情况

数据来源：公司年报。

3. 关于大额坏账

应收账款管理是企业内控非常重要的部分，由于涉及不同业务部门，不同职能人员、不同考核目标。无论企业是销售部门主导，还是财务部门主导，还是独

第二章 资产负债表

立信用管理,赊销制度的建立和执行都具有一定难度,也是很多企业领导人的心中之痛。

新华制药是我国解热镇痛药的重要原料和制剂生产企业。2012年,新华制药公司被会计师事务所出具了我国第一份否定意见的内部控制审计报告,由于2011年其重要的客户欣康祺医药出现经营异常而导致新华制药产生大额坏账。

欣康祺医药是新华医药的重要下游客户,2009年是其第一大客户。2011年底,欣康祺医药涉嫌非法吸收公共存款被立案,多名高管潜逃。受此影响,2011年新华制药对欣康祺医药及其担保企业计提了4032.10万元的大额坏账准备,导致新华制药2011年归属母公司净利润同比下降21.83%至7602.37万元。

三、应收账款的融资功能——应收账款保理、质押、资产证券化

2016年实行"两票制"之后,医药行业的销售链被压缩,行业的资金池变小,九州通等商业公司应收账款回款周期普遍延长,财务压力日益显现。

应收账款是商业流通企业的重要资产,九州通2016—2018年应收账款占总资产比例分别为23.42%、27.10%、31.07%。以应收账款为基础的质押融资、保理、资产证券化成为九州通的重要资金筹措方式。

九州通在2016年、2017年、2018年短期借款中分别有2.82亿元、3.27亿元、8.25亿元是通过应收债权质押取得的;并在2016年、2017年、2018年分别发行了10亿元、15亿元、40亿元的应收账款资产证券化产品,其基础资产是基于对公立二级及以上医院形成的应收账款;同时,九州通在2017年出资成立了商业保理公司。

特别要说明的是,一方面应收账款证券化是一种成本较低、具有规模优势的融资方式;另一方面,部分应收账款证券化可以实现应收账款出表,即应收账款减少、货币资金增加,企业营运能力得到改善或降低资产负债率。

四、关于其他应收账款、预付账款

其他应收账款、预付账款是两个透明度不够高的会计科目,一些没有发票的费用和资金往来会计入其中。大股东拆借或者关联方往来款常见于此。

1. 关于其他应收账款

其他应收账款的定义是既不属于应收票据、应收账款、预付账款的其他各种

应收、暂付款项。

大部分企业都不会购买企业债券，但企业间的互相拆借很常见，一般都是挂其他应收账款。

医药行业常见的其他应收款包括：给医院的保证金（部分医院要求药品或器械供应商给付百万元至千万元的履约保证金）、给上游供应商保证金（部分商业公司从制药公司获取优秀品种、新品种代理权时需要缴纳）、上游供应商折扣（上游企业的销售返利未到账时计入其他应收款）、药品招标保证金、土地收储与搬迁停工补偿款、备用金（如企业拨给销售团队的备用款项）、企业往来款。其中，企业往来款、各类保证金占比较大。

分析其他应收款，与分析应收账款类似，应关注其款项性质、账期以及前五名欠款方的情况，尤其需要重视以下问题。

（1）关联方占用资金

企业不合理的资金往来多体现在这里。由于其他应收账款在会计期间内的变动情况披露要求不高，所以关联方转移、拆借资金行为在不影响期初、末余额的情况下容易发生，大股东占用公司资金情况曾频繁发生。

如海南海药其他应收账款占收入比例较高，2016—2018年海南海药其他应收账款占收入比例平均约为26%，接近应收账款的收入占比。2018年其因未披露关联交易事项等原因收到了行政处罚，公司2016年其他应收账款部分往来款实质为公司通过隐形关联方式拆借给大股东，而公司并未披露关联关系。

（2）将费用列支在其他应收账款

曾经发生过这样的案例，某制药企业通过将大量款项预先借给销售人员，在报表期后将销售费用报销以冲抵其他应收账款。即企业年末的资产负债表里的大量的其他应收账款其实是其销售费用，从而在表观上增加了企业的盈利水平。

2. 关于预付账款

预付账款是企业按购货合同的规定，预先以货币资金或货币等价物支付供应单位的款项。医药行业常见的预付账款包括：预付工程款、预付原料采购、技术开发等。

在分析预付账款时需要与存货一同分析。如企业毛利过高，可以重点关注存货与预付账款，因为存货的结转会影响成本，而预付账款结转为存货，即货物入库的时间也存在调节空间。

预付账款也是会计科目中企业调节空间较大的科目。查看预付账款，一般一年以上预付账款会有明细，包括前五名对象，应关注数据的连续性以及关联方问题。如果预付账款增长过快或者有长期挂账的预付账款，除了经营异常外可以考虑以下情形。

（1）向关联方提供资金

公司通过与关联方签订合同，以预付款的方式向关联方支付采购款，年末再以终止合同为理由收回款项。也可以通过预付给供货商，供货商再将资金转给公司的关联方。

（2）将费用计入预付账款

公司将没有发票的费用或超过一定标准的费用计入预付账款，从而减少税负负担。

（3）转移资金

虚增其他应收账款与预付账款是公司转移资金的常见途径，而套取出的资金多用于粉饰报表或在体外使用。

第十节　存货

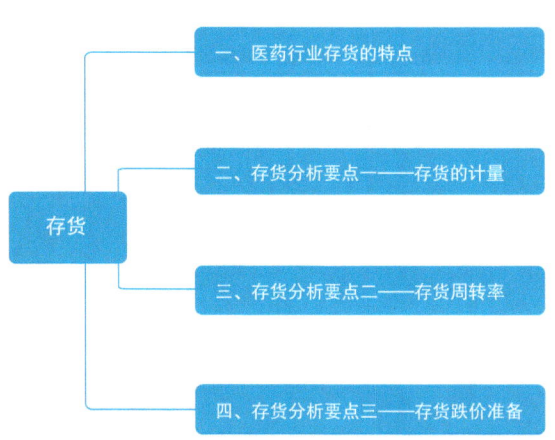

云南白药是我国具有代表性的中药企业，其生产的云南白药主要原料是三七，虽然公司在文山也有三七的 GAP 种植基地，但其产量远不能满足其生产需求，更多的是通过合作种植或直接收购的方式来增加三七储量。

2009 年前后由于文山连续发生冰冻灾害和严重干旱，导致三七大面积减产，从而拉开三七价格两年上涨几倍的序幕。而云南白药作为生产企业，受其影响明显。从 2009 年至 2012 年公司的存货从 16.49 亿元上涨至 43.06 亿元，而货币资金从 22.83 亿元下降至 17.28 亿元。2011 年经营活动产生的现金流量净额为负，这也是云南白药自上市以来第一次经营活动现金流出大于流入。同期云南白药也进行了产业园的搬迁，企业的现金流状况明显受到影响，2012 年公司不得不进行大量的应收票据贴现以改善现金流。可见作为企业营运资金的重要组成部分，存货对企业现金流的巨大影响。

存货是企业采购、生产和销售的中心环节，因此，存货能反映企业在采购、生产与销售过程中的特征与问题。同时，存货也是成本分析的必经之路。如果想了解一家公司的实际经营状况，第一件事应该看的就是应收账款和存货。如果应收账款和存货的增长过快，说明部分收入可能还"隐匿"在应收账款中，部分成本还"隐匿"在存货中。

本书重点分析存货的一般步骤以及要点，尤其聚焦在中药行业。

一、医药行业存货的特点

医药行业多数企业的存货易于盘点也易于计价,存货通常并不是资产负债表的重点分析的科目,但是,中药行业不同,存货对这个行业较为重要。

为什么呢?一是中药里有消耗性生物资产,存货的盘点与核价有一定难度;二是由于政策或自然灾害等原因导致某些药材供给不足时,其价格波动较大,中药企业会周期性地囤积原料,所以存货并不一定和生产需求直接关联,导致存货与成本的变化有较大差异;三是中药企业部分原料药材需要采购,采购多面向农户或者是小型农民合作组织,交易分散,审计难度较大。

中药领域有几个知名的公司,比如康美药业、东阿阿胶、同仁堂、江中药业,关于这些公司的存货科目市场有很多讨论。

二、存货分析要点一——存货的计量

存货的计量是成本核算的基础,与利润直接相关。存货计量的难度影响着成本核算的准确性,如生物资产的盘点难度比较大;存货结转的方式影响着成本核算的合理性;而存货的质量决定着成本数据的可靠性。

1. 存货的盘点——生物资产

生物资产是一类特殊的资产类型,因其具有生命,且生长具有一定的周期性。生物资产包括消耗性、生产性及公益性三类。

医药行业涉及这三类生物资产,一是消耗性生物资产,是指为出售而持有的,或在将来收获中药材的生物资产,如人参、三七、甘草、当归等根类大宗药材以及一些药用动物,康美药业、云南白药、中国医药、佛慈制药等都有消耗性生物资产的这个二级科目。二是生产性生物资产,是指为产出花、果、叶、茎等药材为目的而持有的生物资产,如金银花、连翘等。三是公益性生物资产,是指以防护、环境保护为主要目的生物资产,如杜仲等。

生物资产有些品种数量难以准确计量,需要审计人员使用特定化的监盘程序。人参即属于这一类,由于在生长期的人参,尤其是林下参,有占地广阔、叶木掩映、易于掉苗的特征,存货数量及质量方面都难以确定。

国内企业中,康美药业和紫鑫药业的消耗性生物资产是较为可观的,截至2018年底,两家企业的参苗资产分别为37.91亿元、44.02亿元。

2. 存货的后续计量

存货发出的计价方式有多种，如先进先出法、个别计价法、加权平均法，目前主流的是加权平均法，国内医药上市公司超过90%的公司使用加权平均法。

前面提及过华东医药的例子，2016年其变更原有的先进先出的存货计价方式为加权平均法。相对来讲，加权平均法更为简便，而先进先出法核算出的期末存货成本更接近于市价。

3. 存货的质量分析

（1）在产品

存货的二级科目包括原材料、在产品、库存商品（产成品）、周转材料等。其中在产品的分析常常被忽略。

生产成本计算的一个重要的环节是要把当期投入的原材料、制造费用、人工等成本在已经完工产品（产成品）和未完工产品（在产品等）进行分配，如果企业有主观倾向希望提高毛利率，即少结转一些生产成本，那么其在产品的存货值就会提高。

一些企业的在产品比例会较高，比如生产周期长、生产环节复杂的产品。天药股份是我国乃至亚洲最大的糖皮质激素生产基地，甾体激素产品除了原料黄姜获取难度高之外，到最终产品需要发酵及合成几十步反应，生产周期长达一至两个季度，所以天药股份的在产品比例超过50%。部分生物制品企业由于生产检测周期长，其在产品占比也较高。

但是其他大多数企业在产品比例都不会过高，如果企业在产品占比超过50%或波动明显，则需要认真分析。部分中药企业近几年的在产品存货金额的变化就需要深入的调研来分析。

表2-5　2016—2018年A股医药行业存货结构

板块	原材料平均占比	在产品平均占比	产成品平均占比
SW 化学制药	27%	20%	54%
SW 中药Ⅱ	23%	8%	51%
SW 生物制品Ⅱ	32%	21%	34%
SW 医疗器械Ⅱ	24%	23%	54%

数据来源：wind。

（2）库存商品

如果一个制造型企业的产品是较为单一的，或者核心产品占比重，则由企业的库存商品（产成品）的金额、库存量可以计算出主要库存商品的单价；同时，由企业主营业务成本及销售量可以计算出当期主要产品的销售单价。理论上来说，由于企业的销售产品结构和库存产品结构在通常情况下是具有很高相似性的，所以库存商品/库存量与营业成本/销售量差异应该不大。如果差异较大，则表明企业的成本结转不合理，或者库存商品的真实性有问题。这是对存货质量一个非常简单有效的判断方法。

在医药行业中，个别产品单一的中药企业的库存商品单价是远高于销售单价的，这其中的原因需要更深入的了解。

三、存货分析要点二——存货周转率

存货过多，需要营运资金大，是企业面临的重要的经营挑战之一，这在房地产、服装等行业非常明显。医药行业存货周转率也偏低。

存货实际上是一个企业上下游议价能力的体现，在信息和物流行业发达的今天，多数企业都希望自己的存货尽可能的少，供应链管理尽可能高效，把原材料存货尽可能留在上游，把库存商品尽可能留在下游。

1. 存货周转率

存货周转率是企业营运效率的重要衡量指标，是指一定时期主营业务成本与平均存货余额的比率，用于反映存货的周转速度。可以理解为不同企业使用同一金额资金来进行产品的购进、生产，有的企业可以使用资金多次，而有的企业甚至还不能完成一次，则由这一资金产生的收益会产生较大差异。

医药行业也属于存货周转较慢的行业，制造业的存货周转率一般为2~4次/年，其中，中药行业和生物制品行业周转率尤其偏低。

表2-6 医药板块存货周转率情况

板块	2016年	2017年	2018年	平均
SW医药生物	3.96	3.91	3.69	3.85
SW化学制药	3.24	3.27	3.14	3.22
SW中药Ⅱ	2.09	1.94	1.76	1.93

续表

板块	2016 年	2017 年	2018 年	平均
SW 生物制品Ⅱ	2.70	1.41	1.40	1.84
SW 医药商业Ⅱ	7.25	7.21	6.94	7.13
SW 医疗器械Ⅱ	2.37	2.62	2.74	2.58
SW 医疗服务Ⅱ	3.87	5.23	6.21	5.10

数据来源：wind。

在分析企业存货时，一是分析存货总金额的变动趋势；二是分析存货周转率的情况，是否明显低于同行业公司，或波动较大。如图 2-8 所示，东阿阿胶近些年的存货数据引发了投资者对其存货增长合理性的广泛讨论。

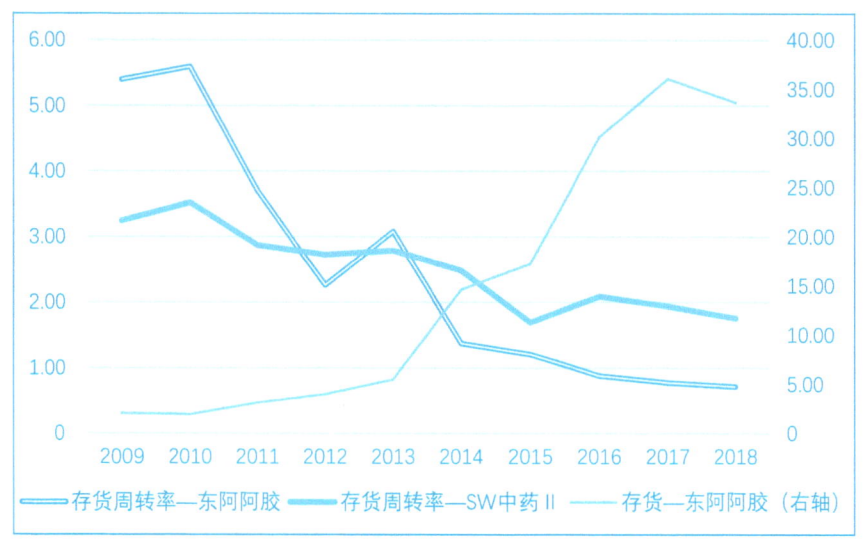

图 2-8　东阿阿胶近 10 年存货周转率与行业比较情况（存货金额单位：亿元）

数据来源：wind。

存货周转率的下降，实质上表明公司存货所占用的资金增长速度超过了产品销售的增长速度，就是产出速度低于购进速度。存货金额增长过快或周转率下降过快，可能由于生产销售规模迅速扩大；或原材料价格快速上涨；或由于产品滞销积压。同时企业存货周转率应与同行业公司相当，但不同公司的产品特征、商业模式、发展阶段会导致存货周转率有差异，需要个别分析。

也有部分企业有存货舞弊现象。企业为了提高盈余，在维持毛利率稳定的前提下虚增存货,则在存货增长速度、存货周转率等数据会出现异常。

同时,存货周转率通常需要与毛利综合来看,一家企业如果毛利持续保持在高位,说明企业的产品竞争力是较强的,对上下游是具有一定话语权的,这时存货周转率应该保持稳定或者更快。

2. 存货周转率拆分

存货周转率并不是由存货的二级科目具体金额直接决定的,比如东阿阿胶2017年存货周转天数为462天,其中原材料一项占比为54%,则并不意味着原材料的周转天数为两者之积250天。具体的项目的周转天数需要根据不同科目的具体情况而定,有的数据在招股说明书中披露,有的则可以通过多年的存货明细数据进行计算,我们根据东阿阿胶2014—2016年、2015—2017年存货中原材料、在产品、产成品的数据与实际周转天数计算核对出三个重要存货科目——原材料、在产品、产成品的周转天数。

表2-7　2017年东阿阿胶存货周转天数拆分表

项目	金额（亿元）	占比	实际周转天数	计算周转天数	计算加权周转天数
原材料	19.5	54%		532	288
在产品	8.2	23%		627	142
产成品	7.4	21%		148	30
发出商品	0.53	1%			
消耗性生物资产	0.69	1%			
合计	36.07		462		460

数据来源:公司年报。

表2-8　2014年东阿阿胶存货周转天数拆分表

项目	金额（亿元）	占比	实际周转天数	计算周转天数	计算加权周转天数
原材料	0.97	7%		532	36
在产品	2.73	19%		621	117
产成品	10.46	72%		149	108
发出商品	0.25	1%			

续表

项目	金额（亿元）	占比	实际周转天数	计算周转天数	计算加权周转天数
消耗性生物资产	0.11	1%			
合计	14.46		263		261

数据来源：公司年报。

由以上两个表可见，东阿阿胶存货中各项目的周转天数是较为稳定的，其中占用资金周期最长的是原材料和在产品。2017年原材料和在成品的周转天数达532天和627天，未完工产品的周转天数较长，但我们并不了解其是由生产周期决定的，还是其他原因。产成品的库存压力并不大。

通过对存货更加具体的分析，可以了解一家企业经营风险来自哪里。与同类型企业存货明细的对比，则更能反映出不同企业的运营特点。

3. 存货资金周转率

除了关注以物流为基础的存货周转率之外，还可以关注以资金流为基础的存货资金周转率（与营运资金周转率相近），即存货的增加是否真的挤占了公司的现金，其更能真实地反映企业的营运效率。

存货资金周转率=当期销售商品收到的现金/（分析期含税存货平均余额+分析期预付账款平均余额+分析期应收账款平均余额−分析期应付账款平均余额−分析期预收账款平均余额）

四、存货分析要点三——存货跌价准备

1. 存货跌价准备计提是必需的吗

存货计提跌价准备涉及会计估计，存货是不是需要计提跌价准备？很多情况下，会计准则对是否需要进行计提无法量化约束，其判断具有一定主观性。需要计提多少？由于存货的规格、种类、质量具有差异性，存货的可变现净值确定难度也较高。

存货跌价损失是企业资产减值损失中的核心项目，近几年A股上市公司的存货跌价损失占资产减值损失总额的近四分之一。同时由于长期资产的减值无法转回，则流动资产的减值，尤其是存货跌价损失在盈余管理中扮演着重要的角色。

医药行业多数产品和服务的价格长期稳定,更新换代频率低,存货贬值速度慢,行业存货跌价损失相对值并不高,2016—2018年行业存货跌价损失占净利润比例为1%左右。但不同公司存货跌价准备计提的比例和稳定性也能反映企业经营的一些问题。

(1) 部分公司几乎不计提存货跌价准备

表 2-9　2016—2018年存货金额排名靠前的中药、化药企业存货跌价准备计提情况

单位:亿元

名称	期末存货价值				当期存货跌价准备/期末存货价值			
	2016年	2017年	2018年	平均	2016年	2017年	2018年	平均
存货量排名靠前的中药企业								
云南白药	69.18	86.63	99.94	85.25	0.7%	0.8%	0.3%	0.6%
同仁堂	53.28	59.13	64.57	58.99	1.6%	1.5%	2.6%	1.9%
东阿阿胶	30.14	36.07	33.66	33.29	0	0	0.1%	0
存货量排名靠前的化药企业								
白云山	27.82	37.00	92.31	52.38	1.0%	0.7%	1.2%	1.0%
华东医药	30.84	34.06	38.75	34.55	0	0	0.4%	0.1%
复星医药	16.71	27.51	32.87	25.69	4.5%	2.8%	2.2%	3.2%

数据来源:公司公告。

如表2-9所示,我们将近三年存货金额排名靠前的中药、化药企业情况进行梳理,不同企业存货跌价准备计提的幅度差异是明显的。中药企业(中成药制造业)存货金额排名前三的为云南白药、同仁堂、东阿阿胶,其中,同仁堂的存货跌价准备占存货比例显著高于行业0.5%的水平,约2%,在中药大型企业里较为少见;东阿阿胶存货跌价准备占存货比例非常小,基本为0,部分原因是阿胶产品过去10年都处于品牌扩张持续提价阶段;云南白药如果将商业的库存商品部分剔除,存货跌价计提也是较为充分的。

化药领域中,白云山、华东医药、复星医药的存货绝对值较高,其中复星医药2016—2018年存货跌价准备计提比例均值约3.2%,为行业偏高水平(行业均值约2%)。而华东医药会计处理则相对激进,存货跌价准备计提很低,即使剔除华东医药一年约200亿元的医药商业业务,其计提比例也基本可忽略不计。

存货跌价准备计提因不同公司的产品性质而不同，也有计提方法的差异，如既可能按照单个存货项目计提减值，又可能按照存货类别计提减值，跌价准备计提是否充分需要结合实际情况进行分析。

（2）部分企业存货跌价损失的变化较大

同仁堂曾经在2009—2011年对其存货，尤其是原材料存货进行过较大规模的存货跌价准备计提，导致在这段时间存货跌价损失对净利润的影响从过去不足4%升至12%，而后又大幅降低。如图2-9所示，前期存货减值损失的变化与其净利润的增速具有良好的相关性。

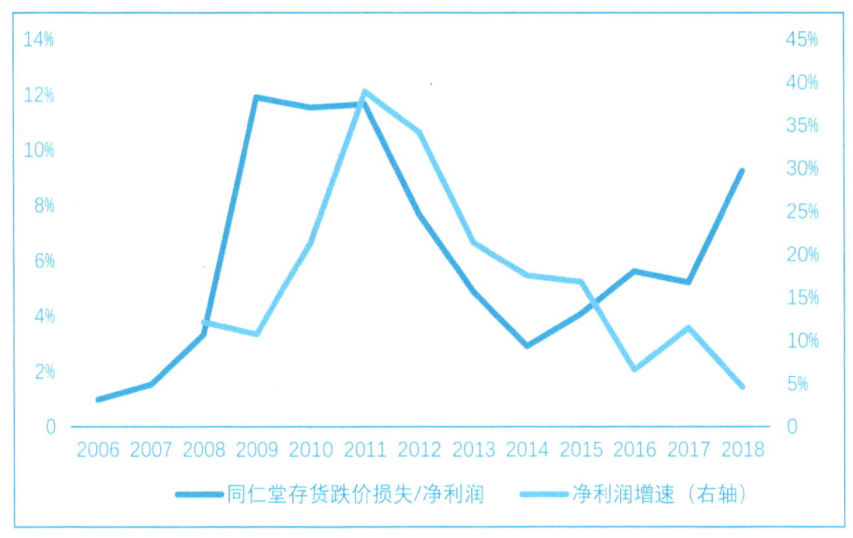

图2-9　同仁堂在2009—2011年有较高的存货减值损失

数据来源：公司公告。

2. 生产性生物资产为什么计提折旧

消耗性生物资产计提跌价准备，但生产性生物资产不仅计提减值准备，还需计提折旧，这是由于生产性生物资产属于非流动资产，其扮演的角色是生产过程中的劳动工具，能够在生产经营中长期、反复使用，从而不断产出农产品，而消耗性生物资产收获农产品之后，该资产就不复存在。因此，对于成熟的生产性生物资产需要计提折旧。

医药行业的生产性生物资产很多，比如东阿阿胶的种驴资源；寿仙谷的铁皮石斛资源；生产VC银翘片的贵州百灵特有的山银花资源；而体量较大的是上海医药拥有的可提取抗肿瘤药物关键中间体10DABIII的500多万株珍稀植物红豆杉。

例如，东阿阿胶是我国中药滋补行业的代表性企业。阿胶的主要原料是驴皮。由于驴作为耕地和运输的劳力价值在目前基本已经不存在，作为养殖动物的经济效益不突出，驴皮资源日益匮乏。东阿阿胶多年前就开始自己繁殖种驴，同时与农户合作，在新疆、甘肃、内蒙古等地建设养殖基地。

2018年初，东阿阿胶变更了生产性生物资产即种驴的折旧政策，变更前成熟生产性生物资产成龄种驴的折旧年限为5年，净残值率为5%。变更后折旧年限为10年，净残值率为60%。以上均按平均法计提折旧。这次变更对利润影响很小，这说明随着供需或繁殖技术的变化，种驴资源在过去和现在的使用要求和价值发生了很大的变化。

3. *存货跌价准备转回*

当存货可变现净值回升后，存货跌价准备可以转回。其前提是原来导致减值的因素消失了。地产、钢铁、有色等类型企业受存货跌价准备转回的影响比较大。

第十一节　固定资产与在建工程

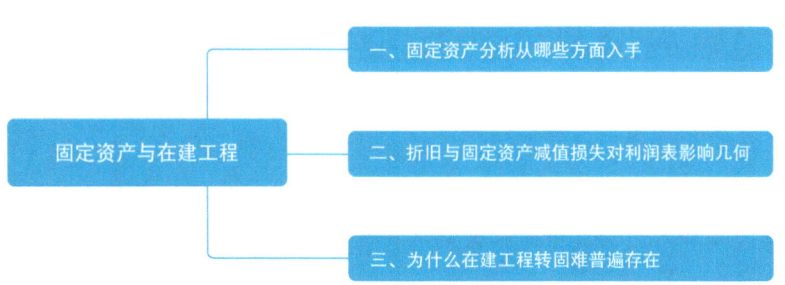

2020年3月，施一公作为联合创始人的诺诚健华在香港联交所挂牌上市，这家开发BTK靶点的年轻公司，2017年刚刚开始推进临床，相比于当时国内的四个竞争对手是最慢的，百济神州当时同靶点的泽布替尼已经进入三期临床。但是到了2019年末，不足2年时间，诺诚健华的BTK靶点药物即提交了中国的新药上市申请，用于治疗复发/难治慢性淋巴细胞白血病（CLL）/小淋巴细胞淋巴瘤（SLL）。

2019年估值数十亿元的诺诚健华，公司的固定资产截至2018年底不到500万元，占总资产不足3%，公司就在北大医疗产业园的一幢小楼里。临床开发类的新药公司确实可以做到轻资产。与此相对的是过去以重资产模式发展的海正药业，其2018年底的市值约140亿元，固定资产占总市值的一半。

2019年12月，海正药业发布公告，称根据公司的实际业务情况，需计提无形资产减值准备、在建工程/固定资产减值准备、存货跌价准备以及研发支出费用化共计17.28亿元。其中，对公司在建工程/固定资产计提资产减值准备9.41亿元。其在建工程/固定资产减值的原因包括：（1）生产线无法调试成功，如培南无菌原料药项目和培南制剂项目对应的土建工程，于2010年1月建成，账面价值1.25亿元，虽已基本完工，但其车间相关生产线一直未调试成功，管理层判断该项目确认终止。（2）市场竞争激烈，如DPI滴眼剂项目对应的土建工程，账面价值763.24万元，由于滴眼剂项目后续市场竞争激烈，同时眼科类药物也不是海正药业重点研发方向，项目终止。（3）临床试验失败，如DPI干粉吸入项目，安装工程账面价值1.68亿元，因最新临床试验结果不理想，后续吸入药研发投入大、风险高，项目终止。

中国证监会要求海正药业补充更为详细的内容,并结合在建工程各年建设进度、固定资产实际使用情况等,说明资产减值迹象出现的具体时点,本期计提减值的原因及合理性,是否存在前期计提不足的情形。

有些固定资产投资,可以长期创造价值;而有些固定资产成为企业的重大包袱,折旧与利息支出长年侵蚀利润。随着国内医药仿制药招标政策及医保政策的变化,很多企业陷入经营困局,其市值和固定资产已经很接近了。

表 2-10 部分制药企业 2018 年年报数据

单位:亿元

证券简称	固定资产	在建工程	固定资产投资 (仅固定资产+在建工程)	总资产	总市值 (2019.12.31)
海正药业	77.03	49.34	126.37	218.54	95.68
现代制药	58.46	2.43	60.90	164.64	91.81
圣济堂	40.40	0.54	40.93	66.69	42.49
新华制药	26.31	2.53	28.84	59.16	46.76
太安堂	22.36	3.88	26.24	86.75	35.19

数据来源:wind。

一、固定资产分析从哪些方面入手

1. 资产轻/重是否符合行业特征

有两个常用指标来反映企业的固定资产特征,一是固定资产投资比例,其是指固定资产投资(固定资产、在建工程、长期待摊费用、其他非流动资产等)占总资产的比例;二是固定资产周转率。还有一个参考指标是固定资产折旧占利润的比例,这个将在后面详述。

医药行业的固定资产投资(本书计算固定资产+在建工程)比例在 20% ~ 30%,固定资产周转率一般高于 2。原料药和 CMO 企业资产指标会略有偏离。

更重的固定资产投资往往意味着企业的规模优势明显,这在多数制造行业中都是一样的。医药行业中较为明显的是原料型企业,比如做维生素、抗生素发酵的企业,其往往通过固定资产规模优势形成高壁垒,甚至一定程度的垄断。可以看看华北制药、东北制药等老牌抗生素巨头过去庞大的占地面积和厂房，以及这些大宗原料药多年相对稳定的竞争格局。

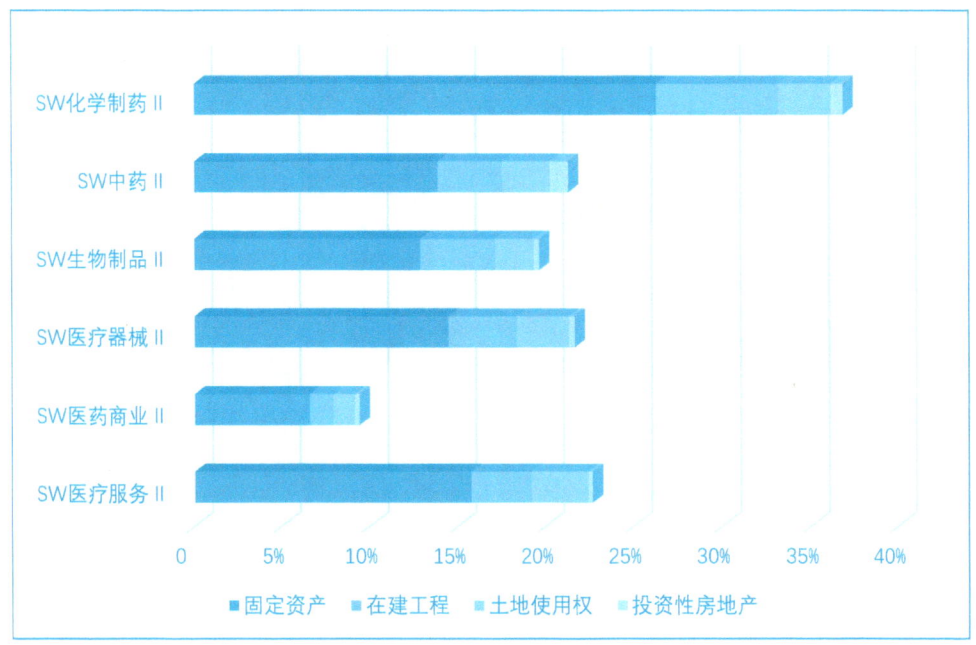

图2-10 A股医药板块固定资产相关资产占总资产的比例

数据来源：wind。

重的固定资产投资有时意味着投资安全性更好，这是由于企业最差的结果是破产清算，清算时与固定投资息息相关的土地使用权（属于无形资产）也往往是大幅增值的，同时固定资产类的资产能换得的价值可能是最好衡量的。比如某上市公司领导在投资了某加拿大某生物企业时表示："不会亏的，最差我把他们的设备仪器都拆了，运回国内，也值不少钱。"

而土地使用权过去这十年的增值幅度是非常可观的，可能在报表里金额并不高，但是其评估值可能已经增长了好几倍，创业较早的许多小企业报表中的土地使用权实际价值可能占到总资产的50%以上，有的企业甚至是以拿产业园的土地为目的在创业。我们在分析固定资产投资时，需要注意这一点。

相比与固定资产投资比例或者固定资产周转率，上市公司在IPO或增发时给出的可行性报告可能更值得大家重视。投资人可以翻开多年前公司的融资报告，看看固定资产投资是否如期完成，盈利预测是否达到，测算的IRR是否具有参考性，如果答案总是否定的，那么需要保持警惕。

2. 轻/重资产是否符合企业发展阶段

医药行业更多的价值来自专利，来自研发的投入，来自团队高效的建设。过早、过多地投入固定资产往往是不明智的选择，由此牺牲了资金优势与时间优势。

我们可以通过国内具有代表性的君实生物来了解新药公司不同发展阶段的固定资产投资情况。君实生物成立于2012年，是我国具有代表性的单抗生产企业，也是国内PD-1单抗最早获批的企业，君实生物的发展代表了我国抗体企业发展的一般路径。

（1）生物药初创企业在IND之前一般不会进行产能建设。这是由于生物药的生产工艺较为复杂，达到治疗疾病的用量往往成本较高，从细胞库的建立到发酵、再到下游的纯化，所涉及的场地和设备投入往往数以亿元计。（2）首个重要产品在三期临床前的产品可能通过符合GMP的中试车间或者CMO企业生产。（3）首个重要产品进入临床后即开始进行规模化生产设施的规划及建设，一般产品推进到三期临床时即可以使用自建生产线的产品（抗体药物的成本比较高）。（4）产品获批上市后，则产能的要求会更高，企业会继续加码产能建设，同时也要考虑企业后续研发管线产能的需求。

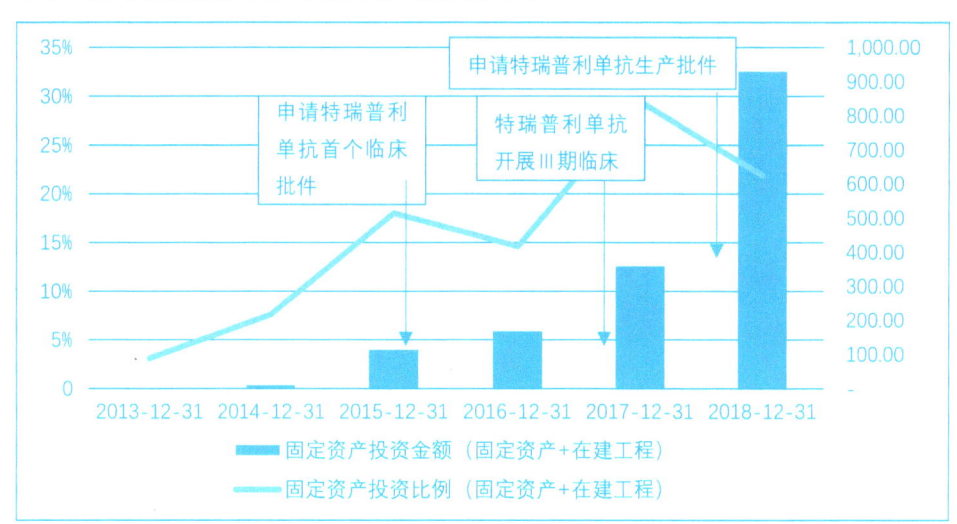

图2-11　君实药业近年固定资产投资情况（单位：百万元）

数据来源：wind。

3. 固定资产值这么多钱吗

这里分几个方面来说，第一个是固定资产原值，第二个是固定资产账面净值

（资产原值扣除计提的累计折旧），第三个是账面价值（资产原值扣除计提的累计折旧以及累计资产减值准备）。我们看到的固定资产数值并不是固定资产购置的原值，而是账面价值。那么影响固定资产价值准确性的因素，一个是原值的真实性，另一个是计提折旧和资产减值准备规则的适用性。这里首先讨论固定资产原值的可靠性。

2012年，由中能兴业投资咨询公司与证券市场周刊联合出品了一份对康美药业多项土地使用权以及固定资产投资质疑的报告，引起了市场的关注。

虽然后来康美药业通过公告回应了大部分的质疑，但是很明显，部分固定资产投资披露存在问题。主要问题包括：募投项目的实际建设面积和投入资金与募投披露情况差距较大；项目的实际投入进度与募投披露情况不符；部分土地使用权有明显瑕疵。2019年，康美药业财务造假被查实，中国证监会对康美药业作出处罚，认定康美药业"将不满足会计确认和计量条件工程项目纳入报表，虚增固定资产"。

目 录

概述	累计虚增投资18.47亿元
第一部分	不存在的土地
第二部分	项目虚增之中药物流配送中心
第三部分	项目虚增之新中药材专业市场
第四部分	被隐瞒的关联交易
释义	

图2-12 中能兴业投资咨询公司质疑康美药业的报告目录

数据来源：公司公告。

固定资产的购置，无论是产品还是服务费用，都有票据可以查证的，但是这个价格往往不能完全反映资产的真实价值，尤其是产品或服务的提供商是不需要审计的公司。虚高的价格是较为常见的，这里有财务造假的需求，也有商业贿赂的需求。企业如果用流动资产造假，会导致利润表、现金流量表的脱节，容易受到质疑。而固定资产的造假，进行审计的难度较高。通过固定资产投资或在建工程可以套取数量可观的现金，以达到资金的体外循环或者达到掏空公司资产的目的，这种例子在国内外不胜枚举。

在过去的工作中，我们遇到过一些对固定资产较为怀疑的情形。一类是上市公司自建固定资产，或上市公司的实控人成立施工公司，来承接上市公司产业园办公大楼及厂房的建设工作，这类资产价格是有操纵空间的。另一类是上市公司采购控股子公司的产品形成固定资产，这其中是否是溢价采购我们无法判断，这属于集团公司内部的交易，披露信息不足，如合并抵销不充分，很容易导致虚增。

有一个方法可以用来粗略估计公司固定资产中房屋建筑物的真实情况，即公司所缴纳的房产税与公司固定资产中房屋建筑物的匹配情况。企业自用房屋房产税的计算公式为：

$$年应纳税额=房产原值×（1-减除比例）×1.2\%$$

其中减除比例是10%～30%，同时注意这里的房产原值是包含地价的。如果房产税缴纳额明显少于粗略估计的费用，则需要深入研究。

二、折旧与固定资产减值损失对利润表影响几何

1. 折旧对利润的影响

折旧最早是伴随西方国家政府开始征收所得税而出现的，其解决企业一次性固定资产投资该如何收回以及政府如何征税的问题。折旧也是一种估计，选用的方法、使用期限、残值的估计等都有很大的主观因素。

折旧对利润的影响是非常大的，尤其是大型在建工程转固后的几年，利润承压明显。我们从下表可以看出折旧对不同公司的影响水平。

2016—2018年A股医药上市公司整体折旧占扣除折旧前净利润的比例平均约20%，即折旧对利润的影响平均约20%。如果超过40%，则意味着固定资产投资收益过低。常见于有大量新增产能投产，或有淘汰产能，也可能是资产减值准备计提不足或固定资产有虚增。

表 2-11　2016—2018 年部分具有代表性的公司折旧对净利润的影响情况

［折旧占比为折旧/（折旧+净利润）］

单位：百万元

证券简称	折旧均值	净利润均值	折旧占比	证券简称	折旧均值	净利润均值	折旧占比
海正药业	609.47	18.82	97%	新华医疗	134.24	130.60	57%
华北制药	450.33	70.63	86%	金域医学	164.74	216.61	45%
科伦药业	742.76	900.96	45%	康德莱	66.79	148.28	28%
人福医药	376.90	479.07	44%	蓝帆医疗	64.26	245.88	22%
药明康德	391.84	1,583.79	20%	迪安诊断	115.58	463.50	23%
复星医药	725.68	3,275.49	18%	万孚生物	41.29	239.05	14%
长春高新	77.03	1,022.45	7%	鱼跃医疗	62.42	626.67	8%
片仔癀	30.92	805.32	4%	九强生物	14.18	281.82	5%

数据来源：wind。

2. 折旧方法的选择

在目前的会计准则下，可选用的折旧计算方法包括年限平均法、工作量法、双倍余额递减法和年数总和法等，后两种是加速折旧方法。

（2）折旧方法

表 2-12　恒瑞医药 2018 年年报折旧方法选择情况

类别	折旧方法	折旧年限（年）	残值率	年折旧率
房屋及建筑物	年限平均法	20	5%	4.75
机器设备	年数总和法	10	5%	$t/(n(n+1)/2)$
运输设备	年限平均法	4	5%	23.75
电子设备	年限平均法	3	5%	31.67
办公家具	年限平均法	5	5%	19.00

数据来源：公司年报。

中国上市的医药公司普遍采用平均年限的方法，也就是均速地计提折旧。但是恒瑞医药对其机器设备的折旧采用的是年数总和法，这种加速折旧方法初期折旧会较大，后期随着设备的老化等，折旧值在减小。

折旧方法的选择对企业纳税有较大影响，2019年开始，国家对固定资产的加速折旧优惠范围扩大至全部制造领域，对于更新换代较快的固定资产等可以选择缩短年限折旧法或加速折旧。

企业对于折旧的方法、折旧的年限、是否费用化等可以根据自身情况作出选择，但企业需要执行稳健的折旧政策，不能随意变更。

3. 固定资产/在建工程减值准备

如上文关于海正药业的案例所述，企业应当在期末对固定资产逐项进行检查，如果由于市价当期大幅下跌，或因技术陈旧、损坏、长期闲置等原因，导致固定资产可收回金额低于账面价值的，应当计提固定资产减值准备。

在建工程减值准备是企业的在建工程预计发生减值时，如长期停建并且预计在3年内不会重新开工需计提的资产减值准备。

计提资产减值准备有时能掩盖企业过去虚增的资产，所以需要注意资产减值准备计提的合理性，尤其是偶见的、大额的，企业常采用计提大额减值准备来化解上市公司因业绩亏损而导致的退市风险。

三、为什么在建工程转固难普遍存在

延安必康于2015年借壳九九久科技上市，并于2018年更名为延安必康制药股份有限公司，是一家综合制药企业。

2018年末延安必康的固定资产投资额（固定资产+在建工程）为105.28亿元，占到资产总额的48.78%，其中在建工程合计82.25亿元，占比为39.91%。深交所在2019年曾两度问询其在建工程事项，对其在建工程与主业的相关性、在建工程的进度、转固时间等多个问题进行问询。

在公司数十个在建工程中，体量最大的是必康新沂开发区综合体，其是一个生产线技改搬迁项目，总投资约为46.52亿元；另一个是必康大智慧健康体验中心，在建工程余额为21.02亿元。

最大的必康新沂开发区综合体项目根据当年募投计划，预期于2017年2月建设完成，后变更为2017年8月，后又延期两次，公司将完工时间变更为2019年2月28日，但截至2019年年报，此项目仍未完工。

读懂财报：医药行业投资指南

表 2-13 延安必康重要在建工程变动情况

单位：元

报告期	项目名称	预算数	期初余额	本期增加金额	工程进度	利息资本化累计金额	其中：本期利息资本化金额	本期利息资本化率
2016年年报	必康新沂开发区综合体工业厂房	4,652,000,000.00	2,320,798,430.78	575,140,477.44	62.25%	105,559,263.93	85,062,319.47	6.08%
2017年年报	必康新沂开发区综合体工业厂房	4,652,000,000.00	2,895,938,908.22	336,043,670.38	69.48%	195,197,047.89	89,637,783.96	6.12%
2018年年报	必康新沂开发区综合体工业厂房	4,652,000,000.00	3,231,982,578.60	1,258,126,602.84	96.52%	270,234,797.44	75,037,749.55	6.12%
2019年年报	必康新沂开发区综合体工业厂房	4,652,000,000.00	4,490,109,181.44	23,152,511.78	97.02%	280,613,703.08	10,378,905.64	5.51%

数据来源：公司年报

1. 在建工程转固后即开始产生折旧，会对利润形成压力

以延安必康为例，公司最大的在建工程如果 2020 年转为固定资产，则会给净利润带来近 2 亿元的折旧影响，而公司 2018 年的净利润还不足 5 亿元。

2. 在建工程利息可资本化

如果在建工程是通过借款的方式，那么其利息是可能资本化的，计入在建工程，可减少当期财务费用。但转固后，财务费用可能增加。

3. 在建工程能否转固的判定存在主观性

在建工程转固有一些判断条件，比如实体建造已经全部完成或者实质上已经全部完成；试生产结果表明资产能够正常运行或营业；未来支出金额很少；已达到设计或合同要求。有些情况很容易作出判断，但有些情况，比如试生产是否表明是达到正常生产水平、工程是否达到了设计要求等，就需要专业判断，这里就有一定的主观性。

第十二节　无形资产与开发支出

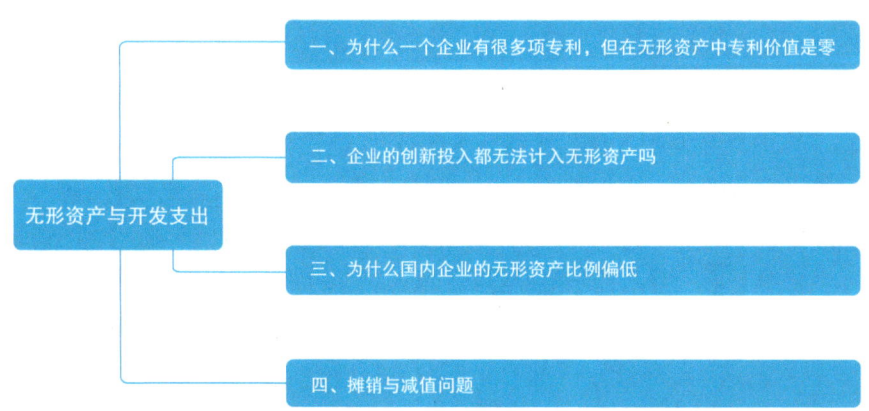

2013年6月26日，双鹭药业盘中几近涨停，而2013年9月9日、10日，其两日股价下跌超过10%。双鹭药业股价大幅波动在2012—2013年频繁地出现，其管理层也被投资者一次次地追问："公司有多大把握绕开来拿度胺的原研专利？来拿度胺的专利在中国是否有可能被无效？"

来拿度胺（Revlimid）在2019年成为全球制药史上销售额最高的小分子药物，超过100亿美元。其2005年由FDA批准上市，在2012年的销售达到37.7亿美元，但那时，没人会预测这款药品有这么大潜力。来拿度胺是新一代口服免疫调节药物，主要用于治疗多发性骨髓瘤（MM，全球第二大恶性肿瘤）、骨髓增生异常综合征（MDS）等血液病。其优异的临床效果缔造了新基药业（Celgene），也为新基后续300多亿元的并购提供支持，使其成长为抗肿瘤制药领域的巨头。

在中国，当时还没有上市公司成功挑战过这样一个重量级产品的专利。

2012年的北京双鹭药业已经是一个耀眼的上市公司。双鹭参股的南京卡文迪许这家并不知名的小企业声称可以挑战来拿度胺、达沙替尼等"重磅炸弹"的专利。2012年6月，有券商研究报告称卡文迪许已经于2012年3月挑战美国来拿度胺专利成功，根据美国"Hatch-waxman"法案，挑战专利的仿制药申报者将获得180天的市场专营行政保护期。市场开始关注这个"孤儿药"。

2012年第二、三季度，双鹭的股价跑赢了医药指数近25个百分点。

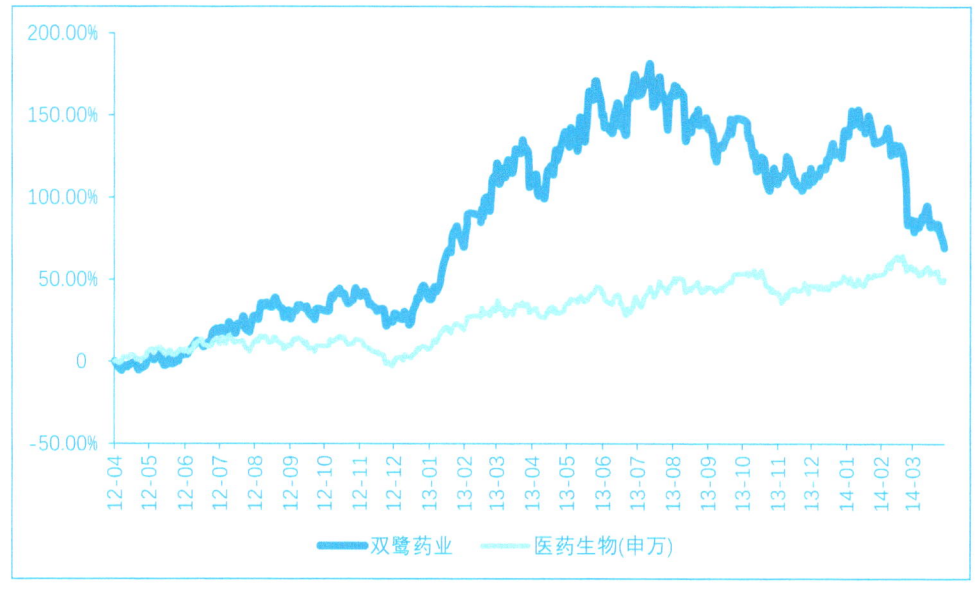

图2-14 双鹭药业2012.04.01—2014.04.01股价走势图（百分比）

数据来源：wind。

更多的医药研究员开始分析双鹭的专利问题，这也是股票投资者一次彻底的医药专利知识扫盲。人们质疑，在美国Nacto、Arrow等企业对来拿度胺专利进行挑战都没有成功，一个小企业怎么可能突破专利封锁，况且也没有查到卡文迪许在美挑战专利的记录？化合物专利保护力度很强，怎么可能被随意挑战呢？

表2-13 卡文迪许申请的关于来拿度胺的专利

申请号	专利名称
200910142161	3-（取代二氢异吲哚-2-基）-2,6-哌啶二酮多晶型物和药用组合物
200910142161	3-（取代二氢异吲哚酮-2-基）-2,6-哌啶二酮的合成方法及其中间体
200910210392	3-（取代二氢异吲哚-2-基）-2,6-哌啶二酮多晶型物和药用组合物
201010139836.1	一种稳定的来拿度胺口服固体制剂
201010003433	3-（取代二氢异吲哚酮-2-基）-2,6-哌啶二酮晶体Ⅳ及其药用组合物
201110005625	3-（取代二氢异吲哚酮-2-基）-2,6-哌啶二酮的合成方法及其中间体

续表

申请号	专利名称
201110006973	3-（取代二氢异吲哚-2-基）-2,6-哌啶二酮多晶型物和药用组合物
13/375610	Methods for synthesizing 3-(substituted dihydroisoindolione-2-yl)-2,6-dioxopiperidine, and intermediates thereof

数据来源：中国专利局、美国专利局。

2013年初，卡文迪许已经开始Ⅰ期临床试验，有报告称卡文迪许在中、美申报的是晶型和制剂专利，且来拿度胺在中国的化合物专利（ZL97180299.8）已经被无效了（见图2-15）。加上双鹭药业不错的年报因素，其股票从2012年底的11元左右不断上涨，在2013年第一季度价格几近翻倍，重新成为市场的焦点。

研究发现，虽然来拿度胺的化合物专利已经被无效，但这个专利是部分无效，且无效的部分是针对另外一个同类化合物，来拿度胺的结构是保留下来的，所以市场的普遍认知是错误的。更重要的是，我们认为即使化合物专利可能被挑战，但适应症专利（中国称为用途专利）很难挑战。受此信息影响，双鹭药业的股价在2013年9月一度大幅下跌。

2013年末，又有投资者提出一个观点，来拿度胺上市的3个适应症专利中的2个（ZL03825567.7保护了MDS用途、ZL20061015048.3保护了淋巴瘤用途）已经授权，还有1个适应症专利（ZL03816899.5）未授权，这是双鹭的机会。在市场的要求下，双鹭药业的董事长就专利问题做了一次公开的问答，称卡文迪许有文献资料证明Celgene来拿度胺对治疗肿瘤的专利不具有新颖性，他们对于无效这个专利是有把握的。

从2013年至2017年，卡文迪许与Celgene公司就来拿度胺专利一直进行诉讼拉锯战。官司从国家知识产权局专利复审委员会打到北京市一中院，又打到北京市高级法院。直到2017年，卡文迪许获得了胜利，法院认定原有化合物专利无效，不认可其补充实验证据。即核心专利在申请日提交的资料只说明提供的化合物具有一般的TNFα抑制效果，而不会确信其具有超出常规水平的活性或者其他预料不到的技术效果，而补充实验证据所反映出的技术效果已经明显超出在申请日时所确立的事实基础，由此Celgene的核心专利在中国被无效。

第二章 资产负债表

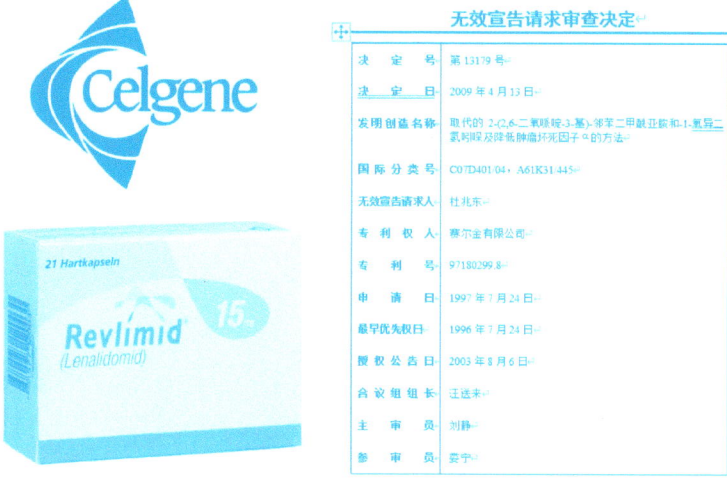

图 2-15 Celgene 来那度胺在中国的核心专利第一次被无效
数据来源：中国专利局。

来那度胺的专利事件是可以进入教科书的，双鹭药业关于来那度胺的事件也说明专利等无形资产是制药企业的生命线。

一、为什么一个企业有很多项专利，但在无形资产中专利价值是零

还是以双鹭药业为例，双鹭有很长的研发历史，拥有国内外专利十余项，但如表 2-14 所示，其 2018 年底无形资产中专利的价值是零，而且其从上市以来就是如此。这里涉及我国的会计准则对无形资产的定义以及内部研究开发费用确认的规定。

表 2-14 双鹭药业 2018 年年报无形资产情况

单位：万元

	土地使用权	专利	非专利技术	软件	专有技术	总计
无形资产期末账面价值	9,026.84			11.23	42,725.22	51,763.29

数据来源：公司年报。

根据我国最新的会计准则，无形资产是指企业拥有或者控制的没有实物形态的可辨认非货币性资产。可辨认无形资产包括专利权、非专利技术、商标权、著

作权、土地使用权、特许权等。

无形资产的来源包括通过外购、通过自行开发、通过捐赠、投资、非货币资产交换、债务重组取得。对于非自行开发的无形资产，可以依据交易价格来入账；但是对于自行开发的专利技术等，能否计入无形资产取决于两点，一是预见会不会产生经济利益流入；二是其成本能否可靠地计量。

很多医药自创的专利或技术等是科研人员在长期研究工作过程中逐渐形成的，在做的时候对于能够做成功是无法预判的，所以大部分的专利权由于不能达到认定的标准而没有被计入无形资产。

虽然国内多数医药企业自创的专利权在无形资产中都没有体现，但也有很多企业的专利在报表中金额较高，比如科创板知名的企业微芯生物，其在2018年底的无形资产情况如表2-15所示。

表2-15 微芯生物2018年年报无形资产情况

单位：万元

项目	账面原值	累计摊销	账面净值
土地使用权	5,301.16	265.28	5,035.89
专利权	3,345.66	2,001.76	1,343.90
软件使用权	130.51	88.88	41.63
合计	8,777.33	2,355.92	6,421.41

数据来源：公司年报。

可以看到微芯生物专利权账面原值是3345.66万元，这是由于2006年博奥生物以5项专利的独占使用权入股于微芯有限。以无形资产出资来成立公司是非常普遍的现象，但需要专业评估公司对出资的无形资产作出评估。

同时，引进产品、收购公司等也是获得专利权的常见方式。

二、企业的创新投入都无法计入无形资产吗

前面已经阐述过，采用美国会计准则（US GAAP）的企业研发支出必须全部费用化，日本的计量模式是允许研发支出直接资本化，并限制了摊销期。而我国新的会计准则借鉴国际会计准则（IFRS）的要求，将研发支出进行有条件的资本化，将企业内部研发活动分为研究阶段和开发阶段，研究阶段的支出于发生

时计入当期损益；开发阶段的支出，如满足5项条件（略），其可计入"开发支出"科目，当开发项目达到预定用途时计入无形资产。

截至2018年底，有近一半的A股医药上市公司是没有资本化的研发支出的。但是随着国内医药企业临床试验的不断增多，医药企业研发投入资本化率逐步提高。从结果来说，医药行业通过内部研发最终形成的无形资产占无形资产的比例并不高，不足10%，但这一比例在逐步提高。

1. **医药公司研发支出资本化政策**

对新药企业来说，研究阶段一般是指企业从可行性调查起到取得上市前最后一次临床批件前的阶段；开发阶段是指企业临床试验和药品生产申报阶段。如果满足资本化的条件，可在"开发支出"中列支，在项目达到预定用途如取得新药证书或生产批件时，则转入"无形资产"科目中的"非专利技术"或"其他"项目进行明细核算并开始摊销。

目前国外的创新药企业对于研发支出，一是根据US GAAP全部费用化；二是根据IFRS要求进行部分的资本化。

2. **国内新药企业的资本化的选择**

对国内新药企业来说，一般有三种做法：第一种是全部费用化，恒瑞医药就是典型代表，其研发支出没有形成任何无形资产；第二种是以取得Ⅲ期临床批件为界限进行资本化，这是多数企业的选择，如微芯生物，表2-17列示了其研发支出资本化的情况；第三种是企业自行制定资本化时点，如长春高新将进入临床且评估风险低于30%的内部开发项目进行资本化；沃森生物将创新药获得临床总结报告作为资本化的条件；而研发支出资本化率较高的亿帆生物（2018年资本化率达到73%）将项目进入开发阶段的开始时点设置为新药进入Ⅱ期临床试验。

微芯生物在上市时，监管机构对其研发支出资本化会计政策及在核心产品西达本胺的具体应用是否符合准则要求提出疑问。微芯生物基于谨慎性原则，将部分项目的研发支出费用化，并重新修订了其研发支出资本化的具体标准。

表2-16 恒瑞医药2018年无形资产情况

单位：万元

	土地使用权	软件	总计
无形资产期末账面价值	27,258.03	10.21	27,268.24

数据来源：公司年报。

表 2-17 微芯生物招股说明书中披露的研发支出资本化的项目

研发项目	所获最后一期临床试验批件	资本化时间	资本化依据	研发进展情况
西达本胺（外周T细胞淋巴瘤）	Ⅱ／Ⅲ期	2009年2月	开始Ⅱ／Ⅲ期临床试验	已于2014年12月以临床Ⅱ期试验结果获批上市
西达本胺（乳腺癌）	Ⅱ／Ⅲ期	2015年7月	开始临床Ⅲ期试验	已于2018年11月申报增加新适应症的上市申请
西格列他钠	Ⅲ期	2012年12月	开始临床Ⅲ期试验	已完成临床Ⅱ期试验

数据来源：公司年报。

表 2-18 亿帆生物研发资本化情况

单位：万元

	2018 年	2017 年	变动比例
研发投入金额	62,047.53	44,520.40	39%
研发投入资本化的金额	45,345.79	30,397.64	49%
研发投入资本化占比	73%	68%	5%

数据来源：公司年报。

研发费用资本化对企业当期利润的影响是巨大的。对于研发支出能否资本化虽有严格条件，但仍然涉及一些主观判断的问题，这里就存在一个利润调节的蓄水池。因此，在对研发性企业利润分析前，需要对其研发支出资本化率的稳定性以及具体资本化项目情况进行考察。

3. 恒瑞医药的估值贵不贵

分析企业的相对估值，一般研究都是从行业景气度、产品线质量、企业治理水平等角度出发。但是有时也需要从企业会计政策来研究，不同企业折旧摊销政策、研发支出资本化的水平，都直接影响着利润的质量。

恒瑞医药虽然质地优良，但其相对估值一直比较高。恒瑞医药的相对估值到底高不高呢？由于恒瑞在研发投入超过10亿元的企业中是唯一研发支出全部费用化的，如果我们将其部分资本化（按照50%计算资本化率，参考其内部项目进度以及复星等创新程度较高的企业资本化情况),并考虑所得税等问题,其调整后的估值如表 2-19 所示。可见其估值经过调整后与行业指数是接近的,并不显得高。

表 2-19　恒瑞医药及医药行业指数在不同时点的相对估值 PE（TTM）

证券简称	2019-12-31	2018-12-31	2017-12-31
生物医药指数	54.07	44.46	48.55
恒瑞医药	79.18	51.10	65.03
恒瑞医药（研发支出资本化调整）	63.35	40.88	52.02

三、为什么国内企业的无形资产比例偏低

我们先选取国内外具有代表性的几家制药与器械企业最近 5 年无形资产与商誉占总资产的平均比例来分析。

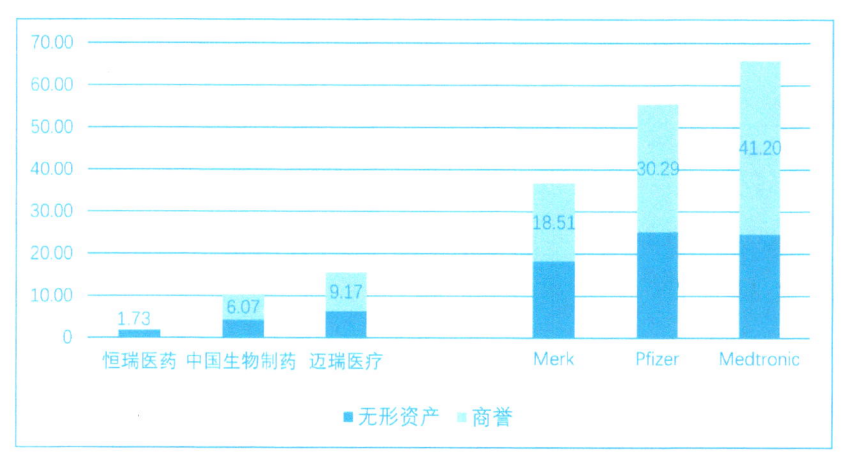

图 2-16　大型医药企业 2014—2018 年无形资产与商誉在总资产平均占比情况

　　数据来源：公司年报。

如图 2-16 所示,国内最大的几家制药与器械企业无形资产与商誉占比都较低,具体到无形资产,国内三家龙头企业最近 5 年无形资产平均占比为 4.11%；而三家海外龙头企业平均占比为 22.70%。并且,国内的无形资产是包含土地使用权的。

为什么会有这么大的差异呢？

1. 无形资产的界定不同

根据中国的会计准则,国内医药企业通常只能列示土地使用权、专利、非专

利技术、软件等。而海外公司通常要列示权力型、关系型、知识产权等无形资产，如专利、外购技术、客户关系、客户名单、销售权、品牌等，并且这些无形资产的价值总额较高。

如表 2-20 所示，美敦力的无形资产构成主要是客户关系、外购技术或专利、商标等，2018 年年报客户关系这一项无形资产价值达到 169.49 亿美元，占公司总资产的 14%。

表 2-20　美敦力（Medtronic）无形资产情况

单位：百万美元

(in millions)	April 26, 2019		April 27, 2018	
	Gross Carrying Amount	Accumulated Amortization	Gross Carrying Amount	Accumulated Amortization
Definite lived:				
Customer-related	$16,944	$(4,095)	$16,949	$(3,139)
Purchased technology and patents	11,405	(4,570)	11,569	(4,441)
Trademarks and tradenames	570	(324)	822	(569)
Other	85	(59)	94	(52)
Total	$29,004	$(9,048)	$29,434	$(8,201)
Indefinite lived:				
IPR&D	$604	$—	$490	$—

数据来源：公司年报。

2. 外延发展阶段不同

海外无形资产占比较高的第二个原因是海外大型企业对技术与产品的引进较为频繁，通过外部力量充实企业的产品线是大型企业重要的发展模式，无论是收购企业，还是通过 BD（Business Development）购买专利与产品开发权，都会形成较大的无形资产。

如表 2-21 所示，安进的无形资产中最重要的一项是通过并购获得的开发产品技术权利，2018 年年报显示其价值高达 125.73 亿美元。随着中国医药企业开始更多地注重创新，注重外延并购与 BD 工作，外购专利与技术开始更多地影响企业无形资产价值。

表 2-21　安进（Amgen）无形资产情况

单位：百万美元

	December 31,					
	2018			2017		
	Gross carrying amounts	Accumulated amortization	Other intangible assets, net	Gross carrying amounts	Accumulated amortization	Other intangible assets, net
Finite-lived intangible assets：						
Developed-product-technology rights	$12,573	$(7,479)	$5,094	$12,589	$(6,796)	$5,793
Licensing rights	3,772	(2,032)	1,740	3,275	(1,601)	1,674
Marketing related rights	1,297	(1,019)	278	1,319	(920)	399
R&D technology rights	1,148	(872)	276	1,161	(804)	357
Total finite-lived intangible assets	18,790	(11,402)	7,388	18,344	(10,121)	8,223
Indefinite-lived intangible assets：						
IPR&D	55	—	55	386	—	386
Total other intangible assets	$18,845	$(11,402)	$7,443	$18,730	$(10,121)	$8,609

数据来源：公司年报。

3. 无形资产与海外收购

我国无形资产占比平均虽然低，但也有部分企业无形资产绝对金额较高，比如复星医药、上海医药、东阳光等，其无形资产总额均超过 10 亿元，且无形资产项目也较为丰富。

表 2-22 复星医药 2018 年年报无形资产情况

单位：元

原价	土地使用权	商标权	专利权及专有技术	软件使用权	药证	销售网络	特许经营权	合计
年初余额	1,472,603,776.64	268,496,727.28	3,602,489,603.34	115,459,667.82	583,282,714.66	1,695,832,151.15	424,810,000.00	8,162,974,640.89
购置	224,225,886.20	3,214,799.00	51,712,880.95	38,711,732.89	2,187,172.07	19,796,065.96	1,800,000.00	341,648,537.07
非同一控制下企业合并	7,689,426.96	—	108,570,661.45	260,206.13	—	59,900,00.00	—	176,420,294.54
内部研发	—	—	7,049,928.78	—	4,324,618.72	—	—	11,374,547.50
处置或报废	(4,780,462.52)	—	(78,990,821.39)	(13,303,584.54)	—	—	—	(97,074,868.45)
汇率变动的影响	—	8,212,150.68	(75,959,149.40)	1,641,280.42	10,271.33	(16,391,268.41)	—	(82,486,715.38)
年末余额	1,699,738,627.28	279,923,676.96	3,614,873,103.73	142,769,302.72	589,804,776.78	1,759,136,948.70	426,610,000.00	8,512,856,436.17

数据来源：公司年报

我国规定，非同一控制下的企业收购，超过按比例（如股权比例）计算的被收购企业可辨认净资产公允价值的对价，应该在合并报表中核算入商誉；同一控制下企业收购，是按照账面价值计入的，事实上都不会产生太多无形资产。同时，这些企业的无形资产项目中有我国无形资产定义中所不含有的项目，比如复星医药的无形资产中包括销售网络，迈瑞医疗的无形资产项目中包括客户关系、有利合同等项目。这类情况是企业收购境外公司时，增加了企业的无形资产。

四、摊销与减值问题

无形资产和固定资产类似，都有摊销（或折旧）和减值的问题。

对于无形资产的摊销，使用寿命有限和使用寿命不确定的无形资产摊销方法不同。对于使用寿命有限的无形资产，多数企业是按照在为企业带来经济利益的期限内按直线法摊销。如表2-23所示，是前面提及的不同企业的无形资产摊销政策。对于使用寿命不确定的无形资产，在持有期间内不摊销，每期末对无形资产的寿命进行复核，如果期末重新复核后仍为不确定的，在每个会计期间继续进行减值测试，如寿命不确定的无形资产金额较大，则其往往会成为年报审计关键事项。

表2-23　不同企业无形资产摊销年限

项目	双鹭药业	微芯生物	亿帆生物	长春高新	恒瑞医药	复星医药
土地使用权	50	38~49	40~50			20~50
软件	5	2~5	5~10		3~5	2~10
专利权		8~20	5~10			5~20
非专利技术			5~10			
专有技术/药证	10			5~10		10

数据来源：公司年报。

在实际工作中，无形资产减值因有较多的主观成分，也是企业进行盈余管理的工具，减值是否充分或时点是否合理需要认真分析。

第十三节　商誉

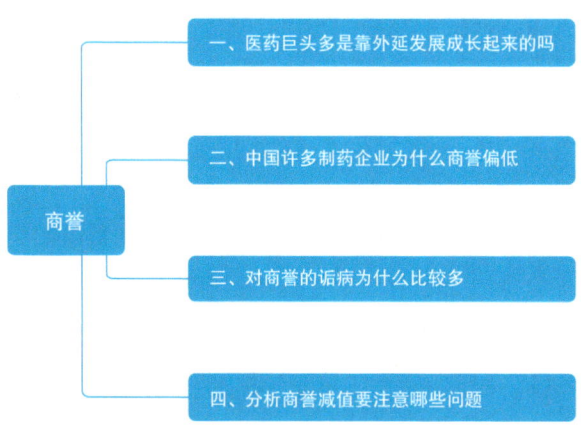

2014年夏天，在山东淄博市临淄的工业区中，老牌医用手套生产企业蓝帆股份的董秘在有些老化的厂区办公室里接待着一批又一批的投资者。因为近期收购了一家血液透析设备公司，公司的股价上涨明显，董秘的接待任务变得繁重起来。

这一年是中国医疗行业并购的爆发之年，上百家上市公司都有意扩张并购，蓝帆这样一家材料企业在医疗行业似乎较为边缘，谁也没想到蓝帆日后会成为医药领域中国第一家"蛇吞象"的收购方。

2017年底，蓝帆医疗公告拟以58.95亿元间接收购新加坡柏盛国际93.37%的股份。柏盛国际的子公司吉威医疗是全球第四大心脏支架生产商，其EXCEL药物洗脱支架具有较高的行业地位。蓝帆对柏盛近60亿元的收购额基本等于蓝帆当时的市值，这一收购是当时国内医药企业参与的最大的杠杆收购（LBO）。

表2-24　蓝帆医疗2018年年末资产负债简表

单位：亿元

	期末余额	期初余额		期末余额	期初余额
流动资产：			流动负债：		
货币资金	18.92	2.36	短期借款	1.49	0.61
应收账款	6.60	1.97	应付账款	4.83	2.29

第二章 资产负债表

续表

	期末余额	期初余额		期末余额	期初余额
存货	4.22	2.47	其他应付款	3.37	0.48
流动资产合计	32.44	7.65	一年内到期的非流动负债	11.22	
非流动资产：			流动负债合计		
可供出售金融资产	1.55	0.83	非流动负债：		
固定资产	14.83	6.87	长期借款	24.36	
在建工程	1.91	0.96	负债合计	48.99	4.09
无形资产	9.75	0.77	所有者权益（或股东权益）：		
开发支出	1.56		实收资本（或股本）	9.64	4.94
商誉	63.79	0.18	资本公积金	56.67	3.61
非流动资产合计	94.55	10.72	所有者权益合计	78.00	14.28
资产总计	126.98	18.37	负债和所有者权益总计	126.98	18.37

数据来源：公司年报。

这里涉及两个问题，一是蓝帆的商誉增加比收购价高。此次并购对价是58.95亿元，而蓝帆的商誉从1700多万元涨至63.79亿元，即被收购公司的可辨认净资产的公允价值为负，这种情况一般在国内收购中很少见。由于这是并购一家被PE基金杠杆收购的公司，柏盛国际被私有化后，其反向吸收合并交易主体，需要归还大量的并购贷款等，所以导致其可辨认净资产出现公允价值为负的情况。而大部分并购不会出现这么大比例的商誉。

二是蓝帆商誉减值的压力较大。截至2018年底其以63.79亿元的商誉位列A股医药公司第三位，仅次于上海医药和复星医药，但蓝帆的净利润体量不足前两者的1/5，意味着其抗风险的能力是比较差的。投资者对商誉减值的担忧也一直笼罩着公司2019年的股价，蓝帆是这么对投资者说的：

"纵观世界医疗器械巨头的成长史，无一不是依靠并购手段来实现巨头地位的。世界前十大医疗器械公司，其商誉占净资产的比例中位数为85%。大家耳熟能详的一些器械巨头，比如碧迪，该指标的比例为107%，波士顿科学为100%，丹纳赫为95%，依视路为92%，捷迈邦美为90%，美敦力为80%，就连最低的强生也有53%。商誉并不可怕，关键是要把所收购的标的公司的竞争优势增强，持续巩固其市场领先地位。"

一、医药巨头多是靠外延发展成长起来的吗

1. 如何衡量公司发展对外的依赖性

最直接的办法就是去看产品线中来自外部的产品比例。如果用宏观一些的方法,"(商誉+无形资产)/资产总额"或"(商誉+无形资产)/市值"是较好的指标。

表2-25　2018年美股市值前30家生物医药公司商誉与无形资产占比情况(部分)

证券代码	证券简称	(商誉+无形资产)/总市值	(商誉+无形资产)/总资产
AGN.N	艾尔建医疗(ALLERGAN)	202%	88%
CI.N	信诺保险(CIGNA)	115%	54%
SNY.O	赛诺菲-安万特	70%	59%
BDX.N	碧迪	66%	74%
MDT.N	美敦力(MEDTRONIC)	49%	67%
TMO.N	赛默飞世尔科技	45%	72%
ANTM.N	ANTHEM	44%	41%
NVS.N	诺华制药	37%	51%
AZN.N	阿斯利康(US)	36%	56%
PFE.N	辉瑞制药(PFIZER)	36%	56%
ABT.N	雅培制药(ABBOTT)	33%	63%
……			
BMY.N	百时美施贵宝	9%	22%
LLY.N	礼来公司(LILLY ELI)	6%	18%
ILMN.O	ILLUMINA	2%	15%
ISRG.O	直觉外科手术(INTUITIVE)	1%	6%
NVO.N	诺和诺德	1%	5%
VRTX.O	福泰制药(VERTEX)	0%	1%
	平均	32%	51%

数据来源:wind。

如表 2-25 所示，2018 年美股医药板块市值前 30 的企业商誉及无形资产占总市值比例整体约 32%，商誉及无形资产占总资产比例约 51%。这一比例在美股医药板块 100 亿美元市值以上的同样适用，即近 3 成的市值贡献来自外部。而 A 股医药板块商誉及无形资产占总市值相应比例约 5%。

这些大型医药企业风格差异也是较大的，艾尔建、赛诺菲、碧迪等企业的市值多半来自收购；而诺和诺德、礼来、Illumina 等商誉及无形资产占总市值比例不足 10%，主要依靠内生发展。

2. 为什么医药企业很重视收购

据 EP Vantage 的调查数据，2016 年全球最大的 20 个制药公司销售额的一半来自收购产品，价值最高的 100 个三期临床产品中有 64 个来自收购。医药企业对收购的热衷是有原因的。

(1) 最大化核心竞争力

制药企业的竞争力主要体现在两点，一是有优秀的技术作出某个机制最快或最好的产品，有上临床的价值；二是开展Ⅲ期临床的水平，从产品价值判断到临床方案设计。从资源占用上来讲，第二个显然是核心竞争力。企业引进产品或并购，根本上是在最大化运用企业的核心竞争力。

小的生物技术公司比较灵活，可以借助 VC 的力量快速遴选项目；而大企业敢于大额投入晚期开发，这就是为什么海外大企业一般会从小企业手中接过Ⅲ期临床的接力棒。

抗丙肝药物 Sovaldi 的开发者是 Pharmasset，2011 年艾滋病药物龙头吉利德花 110 亿美元收购了 Pharmasset，是因为吉利德对 Sovaldi 产品临床判断的能力，使得这一收购成为历史佳话，Sovaldi 第一年就卖了 103 亿美元。

(2) 补充产品线

Ⅲ期临床的成功率是 50%~60%，如果一个大药厂每两年上市一个药物，则意味着其每年要有 1~2 个产品上Ⅲ期临床。假设Ⅱ期临床成功率约 40%，则每年要有 3~4 个产品上Ⅱ期，这 3~4 个产品，是需要企业从几十个临床前药物中筛选出来的。如果企业出现大的Ⅲ期失败，或者前期研发战略出了问题，则需要从外部去做相应的补充，否则企业的长期发展会受到影响。

如艾伯维（Abbvie）630 亿美元收购艾尔建（Allergan），一个重要的原因是为子公司 Stemcentrx 平台型 ADC 产品线全军覆没后的管线做补充。

（3）赶上潮流

制药行业周期很长，技术进步节奏快，企业的中长期研发战略并不都奏效，错过一次药物浪潮的代价越来越高。在免疫肿瘤学刚刚起步的时候没有储备 PD-1 的企业，短短 3 年后就发现，PD-1 市场已经没有自己的位置。所以无论是 ADC、双抗还是基因治疗，大企业都不敢不储备。收购和合作在如今科技发展迅速的时代，对任何药厂来说都是必修课。

3. 辉瑞的并购模式是否值得借鉴

（1）辉瑞模式

辉瑞是全球制药的并购先锋。过去 20 年的发展主要依靠大型收购，2000 年以 900 亿美元并购华纳—兰伯特（Warner-Lambert）获得重磅药物阿托伐他汀；2003 年通过换股方式 600 亿美元兼并法玛西亚（Pharmacia）；2009 年花费 680 亿美元收购惠氏（Wyeth）进入生物药领域；2015 年以 168 亿美元并购 Hospira；近几年一直试图收购阿斯利康（AstraZeneca）。

大型并购，可以明显提升股东收益。原因主要来自两个方面，一是重整产品线，保留竞争力强的项目，优化资源；二是直接大量裁员，使得整体成本下降，利润水平上升。

从重整产品线的角度来看，如果不是恶意收购，被收购公司在收购时一般不是研发实力非常强或势头正劲的企业，否则不会愿意被并购（比如 2019 年初施贵宝收购新基药业，新基的实力已经不似往昔耀眼），被并购方对自己产品线或公司治理可能并不自信，认为也有各种不容易克服的问题。所以这类并购从优化产品线的角度来说，可能效果有限，除非能像默沙东收购先灵葆雅，最后发现了雪藏的 Keytruda 一样运气好。更多的情况是，在复杂的整合过程中，一些潜力较好的项目被长期搁置。

从裁员的角度来看，其收效更明显，费用的大幅减少往往会明显提振收购后的资产收益水平。

我们可以看看辉瑞这一模式是否成功。辉瑞 2000 年之后驶入并购快车道，但其净资产收益率除了 2000 年在收购华纳—兰伯特之后有稳步上升之外，之后法玛西亚及惠氏的大型收购均没有改善公司经营质量。由于在 2010 年之后接连收购英国阿斯利康和艾尔建相继失败，公司的收入也陷入难以持续增长的状态，2015 年的有限增长也来自并购 Hospira。

2020年初，辉瑞新任CEO认为，过去辉瑞并购模式是低效的。其宣布将改变辉瑞过去的发展战略，告别老辉瑞以节约开支为主要驱动力的大型并购模式，而将主要收购中晚期在研项目。辉瑞准备重建Ⅱ期临床项目管线，如果能达到业界平均50%的Ⅲ期临床转化成功率，这将令辉瑞销售额未来以6%的年复合增长率增长。

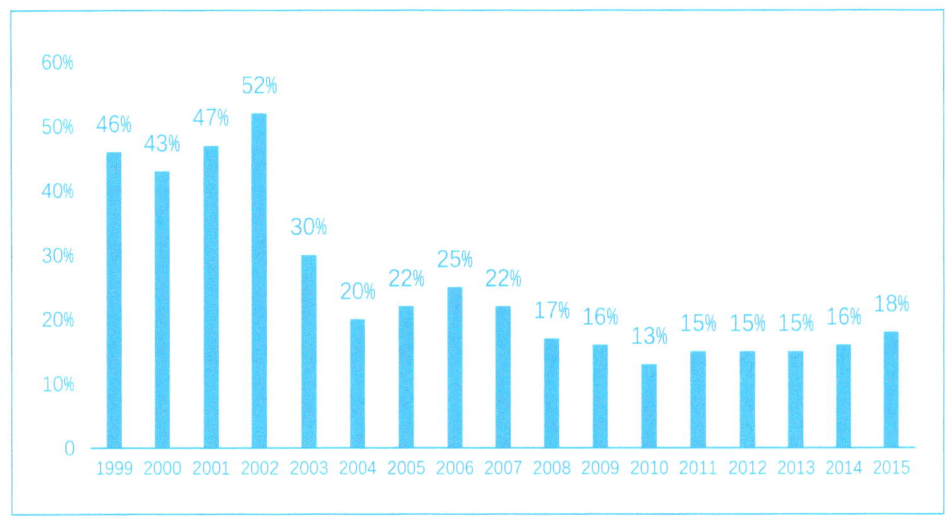

图 2-17　辉瑞 1999—2015 年标准净资产收益率情况

数据来源：Bloomberg，国泰君安研究所。

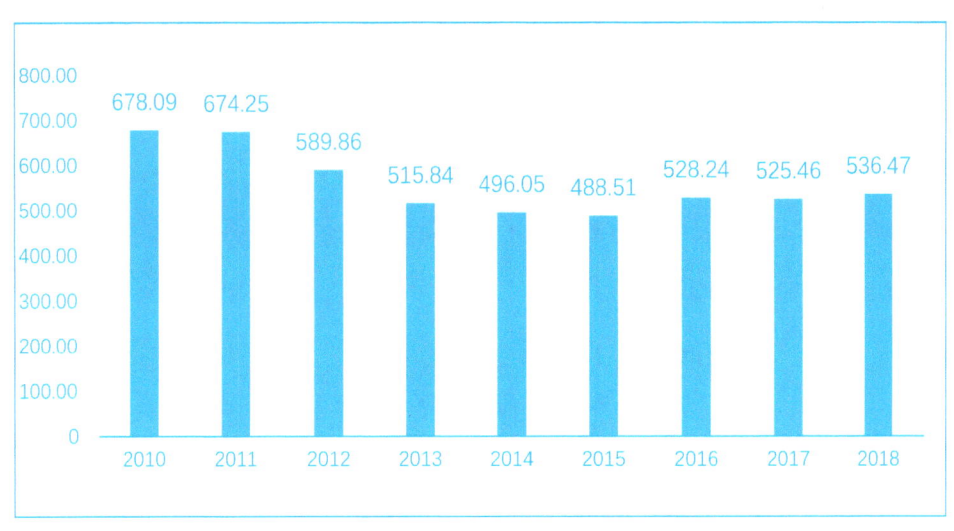

图 2-18　辉瑞在大型并购战略失效后的收入情况（单位：亿美元）

数据来源：wind。

（2）新基模式

除了辉瑞大型并购的模式外，另一种药企的收购模式是收购早期项目，新基药业（Celgene）是此模式的代表。

新基与多数生物制药公司不同，除了自身研发成功的来拿度胺外，大部分项目都是从外部引进的。公司在2000年之后投入300多亿美元收购了上百个公司与项目。投早期项目需要"广撒网，多敛鱼，择优而从之"，同时也很考验公司的临床开发水平。

新基在两个自身免疫疾病药物Mongersen（27亿美元收购，治疗克罗恩病，反义RNA药物）和Ozanimod（72亿美元收购Receptos，治疗MS）均出现重大失误，问题来自临床设计方案和临床药理数据的缺失，两次事件导致投资者对其临床开发专业能力提出质疑，也在考验早期收购模式的可行性。

（3）礼来模式

制药行业也有一些不重视收购的公司，在大型制药企业中礼来是一个代表。

礼来有非常多知名的药品，比如重组人胰岛素"优泌林"、精神科用药"百忧解"，还有众多肿瘤、疼痛、免疫等领域的药物，基本都源自自己的研发团队和收购的少数几家公司。

礼来很少做大规模的并购，其认为大体量的并购会破坏两个公司的价值，并购的副作用大于其带来的一次性的收益，其近20年来都没有进行过超过百亿美元的收购。

二、中国许多制药企业为什么商誉偏低

在上一章中我们对比过中美股市医药公司商誉占总资产比例情况，中国许多制药企业的商誉占比是较低的，如表2-26所示为中国市值较大的10家制药企业其商誉占比情况。

表2-26　2018年市值较大的10家研发性制药公司商誉与无形资产占比情况

证券代码	证券简称	商誉/总资产	商誉与无形资产/总资产
600276.SH	恒瑞医药	0	1%
603259.SH	药明康德	5%	8%
3692.HK	翰森制药	0	0

续表

证券代码	证券简称	商誉/总资产	商誉与无形资产/总资产
1177.HK	中国生物制药	28%	45%
2269.HK	药明生物	0	4%
1093.HK	石药集团	1%	4%
300122.SZ	智飞生物	0	4%
000661.SZ	长春高新	0	2%
6160.HK	百济神州	0	0
600196.SH	复星医药	13%	23%
	平均	5%	9%

数据来源：wind。

1. **历史发展阶段不同**

Medivation是美国一家生物制药公司，其重磅产品Xtandi是口服雄激素受体信号传导抑制剂，治疗前列腺癌。2016年，包括赛诺菲、安进、辉瑞、吉利德等近10家大药厂同时竞拍Medivation，有评论认为如果这事发生在20世纪八九十年代，这10家企业会每家做一个Xtandi的me-too药物，说不定都比Medivation卖得好，因为这些大企业销售能力更强。

但是如今美国的支付和药监环境已经不允许这类创新的存在，只有疗效明确的First-in-class和Best-in-class有较大生存空间。所以药厂并购是现在新药上市标准不断上升和政府对药价管控后的一个效应。2019年Medivation被辉瑞140亿美元并购。

从2016年起，中国也开启了一个制药行业药监和采购体系的变革。仿制药的生存空间被大幅压缩，未来更多的企业需要寻找到能够安身立命的重磅创新产品，未来会有更多的兼并收购。

2. **国内估值方法的偏好**

对P/E指标的重视，使得国内市场对处于亏损的企业的收购是比较谨慎的。但是很多国内外优秀新药研发型企业，其可能长时间无法盈利。国内投资者对于新药的估值体系还处在接纳过程当中，这里会有较长的路要走。

3. **金融工具差异较大**

海外的大型收购往往需要杠杆，这就需要银行等金融机构提供资金。杠杆收购与普通贷款不同，其是以被收购公司未来的现金流做担保进行再融资。美国的杠杆收购较为成熟与其规模较大的垃圾债市场有关。

三、对商誉的诟病为什么比较多

"公司要发展，如果你自己 License in 产品，则会成为无形资产被摊销；如果你为老产品扩张产能，则会变成固定资产被折旧；如果你并购另一个企业可以直接并表，首先 2~3 年对赌期都是相对安全的，对赌结束之后，资产是否需要减值，只要业绩不是下滑太明显，都是可做可不做的。"诟病商誉的人士可能会这么说。

1. 商誉对公司资产评估的影响

在商誉的初始确认方面，我国现在的会计准则是和国际会计准则（IFRS）趋同的，其为购买企业投资成本超过取得的被并企业可辨认净资产公允价值份额的差额。

由于被并购企业净资产的公允价值评估具有一定的主观性，同时其金额往往也较大，相对于并购潮开始前，其对资产的影响愈大。与资产相关的财务指标作为公司决策指标的可靠性越来越低。

2. 通过商誉来套取资金

过去上市公司大股东套取上市公司现金的方法多是通过虚增"应收账款""存货""固定资产""在建工程"等科目实现，但是随着上市公司并购案例的增多，"商誉"正在成为新的套取资金的工具。金额巨大的收购资金通过被并购公司流出，而上市公司的报表上的商誉资产可以通过减值而合理消失。日本知名的奥林巴斯财务造假案即是基于同样的方法。

3. 商誉减值压力大

我们来看一组数据，2014—2018 这 5 年 A 股医药行业每年并购产生新增商誉是 200 亿~300 亿元，还比较稳定。并购项目一般有 2~3 年的业绩承诺期，所以 2015—2017 年的商誉减值金额比较小，但是 2018 年商誉的问题就出现了，当年商誉减值/新增商誉达到了 68%。剔除商誉减值最高的人福医药，2018 年商誉减值/新增商誉为 49%。意味着 2014—2015 年牛市并购产生商誉在 2018 年就有近 20% 减值。这里有一个重要原因，即 2018 年底中国证监会发布了《会计监督风险提示第 8 号——商誉减值》，明确合并形成的商誉每年必须做减值测试，且不得以业绩承诺期间、业绩承诺补偿为由不进行测试。并对减值测试的方法、过程和会计处理做了详细规定。

表 2-27　2014—2018 年 A 股医药板块每年新增商誉以及商誉减值情况

单位：亿元

	2014 年	2015 年	2016 年	2017 年	2018 年
新增商誉	209.73	319.00	309.20	314.14	199.51
商誉减值/新增商誉	0%	3%	1%	7%	68%

注：2018 年数据如剔除人福医药，商誉减值/新增商誉为 49%

数据来源：wind。

四、分析商誉减值要注意哪些问题

目前在有些国家，商誉的后续会计处理方法不是减值，而是需要在一定年限内摊销，比如澳大利亚，日本企业也可选择"摊销法"。

对商誉进行减值测试饱受诟病的地方在于，相较于强制要求商誉在一定年限内摊销，其给予公司管理层更大自由裁量的空间。其不一定降低会计信息的有用性，但会扭曲会计信息。如公司很少计提商誉减值，或一次性大额计提商誉减值，或择机计提商誉减值的现象较为常见，这已经成为利润操纵的重要工具。

1. 被并购企业业绩未达对赌承诺，是否需要做商誉减值

医药行业的例子较少，可以参见二六三网络通信公司案例。在其 2018 年年报中，收购公司 I-ACCESS 和日升科技的合并利润未达到收购时约定的金额，未完成股权收购对赌协议中的承诺，但公司并未计提商誉减值准备。

公司认为，子公司从事的跨境通信业务受市场、政策等因素（特别是 2018 年中美贸易摩擦）的影响较为明显，其已分别完成并超过了收购时评估基准日各自的预测净利润，无须计提商誉减值。即公司认为虽然业绩没有达到对赌业绩承诺，但是超过了收益法现金流折现模型中的预测数值，所以不影响企业的估值。

2. 被并购企业业绩下滑，是否需要做商誉减值

2017 年 9 月，益佰制药收到上交所的问询函，关注其商誉情况。自 2013 年起，益佰制药多次进行收购，商誉从 2012 年底的 0.53 亿元增长至 2019 年中报的 21.71 亿元，占总资产的比例达 33.04%。其中，公司投资贵州益佰女子大药

厂有限责任公司形成商誉6.05亿元，被收购后的业绩未能达到溢价收购时的预测数，上交所要求说明公司未对商誉计提减值准备的原因及合理性。

益佰2013年收购女子大药厂时，预测2013年、2014年、2015年、2016年的净利润分别为3391万元、4479万元、5971万元和7715万元；实际实现净利润为3566万元、2980万元、1417万元、3112万元，收购后三年无一年完成业绩承诺。

益佰药业认为，公司每年都请了资产评估公司进行了评估，没有发现减值迹象。直至2018年11月中国证监会会计部发布《会计监管风险提示第8号——商誉减值》，其规定现金流或经营利润持续恶化或明显低于形成商誉时的预期，特别是被收购方未实现承诺的业绩的情况即为出现减值迹象，公司应及时进行商誉减值测试。2018年年报显示公司计提了女子大药厂3.6亿元商誉减值。

抛开益佰商誉减值的问题，如果业绩未达到预期，商誉是否一定要减值？一方面，业绩目标没有实现只是表明存在减值迹象，是否减值还要看减值测试的结果。另一方面，不能完全根据业绩预期有没有实现，而是要看以后年度的预计现金流现值进行判断，做减值测试时计算的可收回金额并不是基于过去，是基于未来。

3. 商誉发生大额减值是否一定大幅影响盈利

多数情况是这样的，一般商誉减值损失直接影响当期的损益，但也有特例。

瑞康医药是山东地区主要的药品流通公司，具有很好的销售能力，从2014年起4年间并购公司超过150家，其中多数是具有一定渠道销售能力的经销公司。

瑞康的收购行为具有一定特征，一是只控股51%，而不谋求更大比例控股；二是对收购股份的现金支付是分期的，即按照对赌协议业绩完成度分期支付。

到2018年底，多种因素导致前期多项并购未能达到预期业绩，瑞康医药当年需计提商誉减值准备7.24亿元，但是实际上瑞康医药当年的净利润并没有因为商誉问题而出现大幅下滑。

这得益于公司对收购条款的审慎设计，由于公司前期并购时股权收购协议条款规定，对于未能完成对赌目标的子公司，公司无须按最高档估值支付股权对价款。即瑞康医药在收购时的条款设置产生了收购的或有对价，将待支付的股权对价款计入了金融负债，由于被收购方业绩不达标，此部分无须支付，从而产生了金融负债的公允价值变动收益,与资产减值损失对冲后,对净利润的影响大大减少,这是收购条款带来的保护作用。本案例虽然瑞康医药当期产生 7.24 亿元的商誉减值损失,但当期公允价值变动收益增加了 6.38 亿元,于是减少了对净利润的影响。

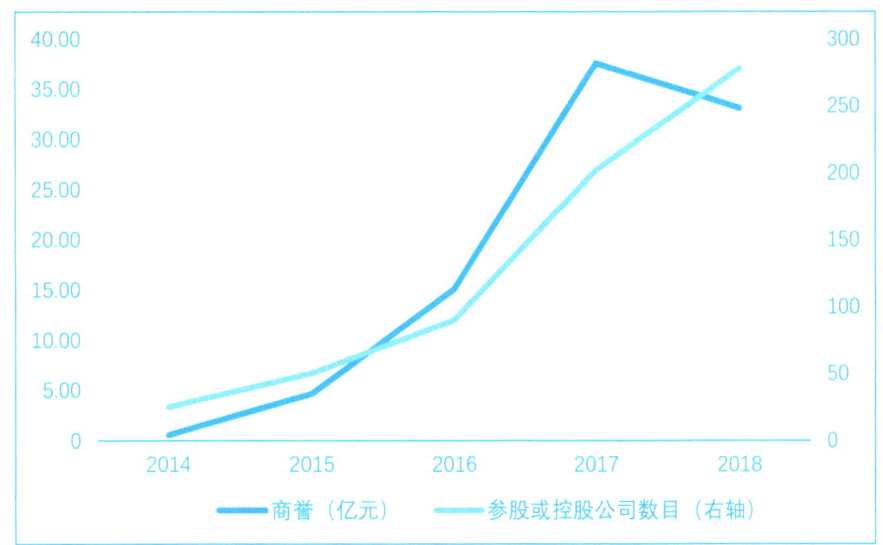

图 2-19　瑞康医药收购公司及商誉情况

数据来源:公司年报。

但是到了 2019 年,由于多数收购公司已经结束了对赌,则当年的商誉减值对净利润造成较大的冲击。

第十四节　负债与资产负债率

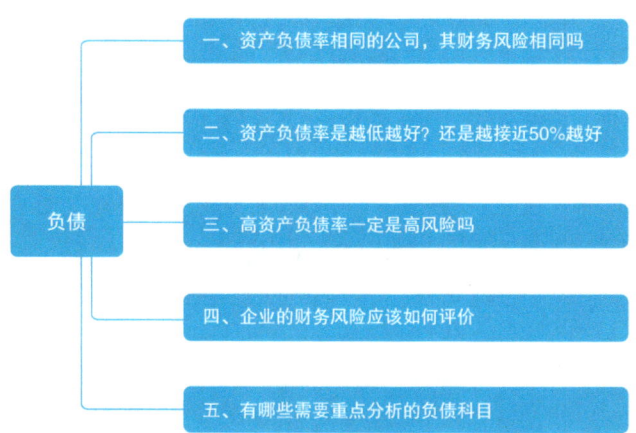

先灵宝雅、惠氏已经不复存在，葛兰素史克（GSK）过去不是一家公司，而是由三家公司合并而成的。前面提到开发肿瘤疫苗 Provenge 的 Dendreon 公司因无力偿还债务而破产清算，现在如日中天的 RNA 药物开发企业 Arrowhead 也曾经因为产品开发问题两次濒临破产。多数小型新药公司都是冒着破产的风险在探索，而大公司也经常进行业务重组。制药行业从来都是高风险的行业。

提及药物修美乐（Humira，阿达木单抗），制药界无人不知，作为 TNF-α 抑制剂的代表，其占据全球"药王"的称号多年，2019 年的销售额为 196.04 亿美元。按说拥有这样的产品的制药公司艾伯维（Abbvie）应该获利颇丰，现金充足。但其资产负债情况似乎并不乐观，如图 2-20 所示。

艾伯维并不是一家古老的公司，其原属于雅培（Abbott）。雅培可谓是医药巨头，制药和器械业务规模都较大，但器械等其他板块的价值掩映在 Humira 的光辉下无法体现，2013 年雅培将拥有制药业务的艾伯维拆分出来在纽交所上市。新的雅培和艾伯维在拆分后估值得到了明显提升，同时雅培的财务负担明显改善，资产负债率由之前的 60% 下降至 41%。

Abbvie 拆分出来，也带走了原雅培的很多带息负债，其从上市起，就是资产负债率较高的公司。2012 年，公司资产负债率与带息资产负债率为 88%、58%；而当时美股医药板块这两个指标分别约为 60%、30%。并且公司负债率一直在攀升，最近两年资产负债率都超过了100%。

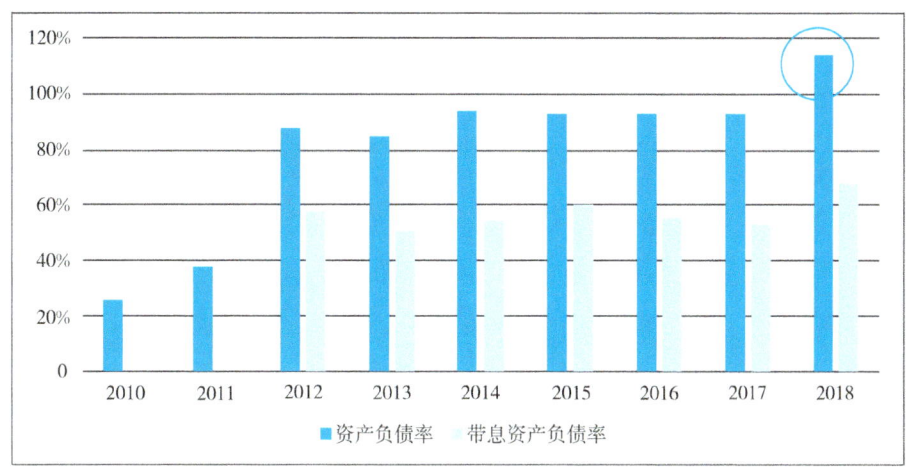

图 2-20 2010—2018 年 Abbvie 资产负债率以及带息资产负债率

数据来源：公司年报。

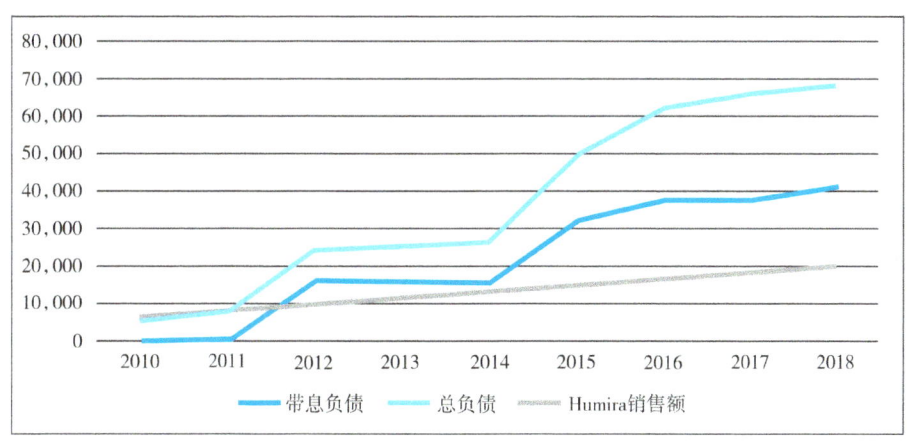

图 2-21 2010—2018 年 Abbvie 负债情况以及 Humira 销售额（单位：百万美元）

数据来源：公司年报。

药王最大的问题就是专利即将到期。公司为了应对 Humira 专利到期问题，一直在加紧进行项目合作和并购，这是导致其负债率持续上升的原因，2013—2018 年，Abbvie 购买了近 30 个项目/公司。

到了 2018 年底，公司的资产负债率首次超过了 100%。原因是公司在 2018 年回购了公司 5% 的股份，涉及 100 多亿美元。同时，在 2019 年年中，公司计划 630 亿美元收购制药企业艾尔建（Allergan），并在 2020 年 5 月完成收购，公司的负债率进一步提高。

本节我们将从不同角度来认识负债，认识资产负债率。

一、资产负债率相同的公司，其财务风险相同吗

资本筹集是经济发展的前提。负债经营在现代企业中非常普遍，资产负债率作为企业重要的财务指标，一方面反映企业的负债程度，用来评价企业的偿债能力和财务风险；另一方面反映企业使用不同类型资金进行经营活动的能力，反映企业的融资特征。那么资产负债率相同的两家公司，是不是其财务负担和财务风险也是相同的？

1. 带息负债与无息负债

如果单以资产负债率指标作为核心指标来筛选A股医药行业投资标的，我武生物可能会很快进入备选，这家做脱敏检测与治疗的公司除了拥有很好的利润率、成长性，其负债水平也很低，2018年资产负债率为6%，无借款。这是不是最好的标的呢？

企业的负债主要有两种，一是融资性负债，也称带息负债，比如借款、债券等；二是经营性负债，包括应付账款、应付票据、预收账款及合同负债等，即企业所占用的上下游企业资金。有的企业资产负债率高，并不是由于带息负债高，而是由于其商业模式或者产业地位的原因，可以占用上下游资金来满足企业的自身需求。

所以如果把经营性负债因素考虑进来，A股医药行业的昭衍新药可能更具吸引力，其2018年资产负债率为43%，无借款。即昭衍新药在带息负债率为零的前提下，经营性负债还很高，可以通过经营性的无息负债来满足企业的发展需求。其2018年经营性负债中最重要的一项为预收账款，3.39亿元，而2018年公司收入为4.09亿元。国内许多对资金需求量很大的医药商业公司，如中国医药、大参林、国药一致等企业实质上带息负债率并不高，主要是通过信用来挤占上游企业的资金。无息负债属于高质量的财务杠杆，从这个角度讲，资产负债率高并不一定是高风险的事。

而对于两家资产负债率相同的公司，其中一家的负债都是融资性负债，另一家都是经营性负债，则其财务风险当然不同。

2. 有形资产与非有形资产

随着投资并购的兴起，我们发现无形资产、商誉等资产在影响投资人对企业

资产负债真实水平的估计。

有形资产指有一定实物形态的资产。有形资产总额指公司总资产剔除无形资产、开发支出、商誉、待摊费用、长期待摊销费用、递延所得税后的资产价值。

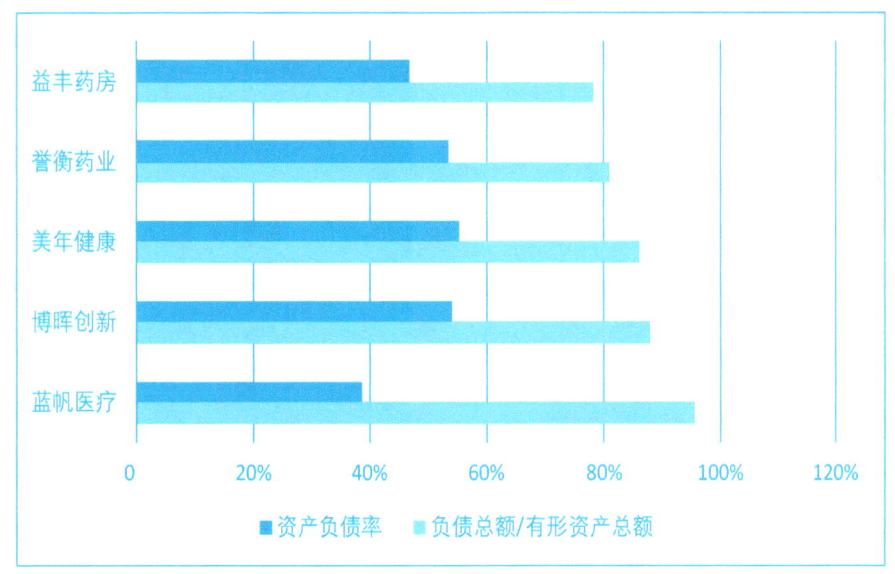

图2-22 2018年医药行业中有代表性的负债总额/有形资产总额较高的企业

数据来源：公司年报。

图2-22所示的医药公司，资产负债率都在50%左右，看上去还是较为健康的。但是由于并购等因素，导致资产中非有形资产的比例较大。但是非有形资产并不具有良好的变现能力，多数也不能抵押，如果我们剔除这一部分的影响，企业的负债情况变得不太乐观，其企业负债总额/有形资产总额这一指标多超过了80%，誉衡药业甚至接近100%。实际上，2019年誉衡也在出售资产解决资金困境的问题。

海外大型医药公司基本都有长期并购战略，所以其负债总额/有形资产的比例都比较高。对于两家资产负债率相同的公司，如果其中一家的资产多是有形资产，而另一家多是无形资产，则其财务风险不同。

3. 长期负债与短期负债

企业资产负债率的高低只能表明整体偿债风险的大小，过高的负债比提示潜在可能的财务危机，但这种可能的危机是否最终转变成现实还取决于负债结构。

如果负债总额中长期负债占比大，当企业仍然具有一定的盈利和筹资能力，这种潜在的财务危机就不会成为现实。相反，如果负债总额中都是短期负债，则企业一旦出现资金周转不畅，加上其他不利因素，企业很容易陷入困境。短期负债相较于长期负债来说，现金流量风险、再筹资风险都更大。

对于两家资产负债率相同的公司，长期负债与短期负债的差异会导致两家企业财务风险的差异。

二、资产负债率是越低越好？还是越接近 50%越好

资产负债率应该在多少合适呢？有一种观点认为负债率应该越低越好，我国许多优秀的公司都是无借款经营，比如茅台、恒瑞等企业。巴菲特就偏爱低资产负债率的公司。也有一种比较流行的观点认为资产负债率最好应该在50%左右，太低意味着企业财务宽裕，管理层过于保守，固守高资本成本的权益资本运营；太高意味着企业财务激进，财务风险难以控制。

这就涉及公司资本结构的研究。资本结构指企业资本的构成及比例关系。在公司资本结构研究领域，MM 理论（Modigliani Miller Models）是奠基理论，之后产生了一系列重要的修正理论，如权衡理论、代理理论等，均提示企业最优资本结构的存在。

企业可以根据宏观环境、行业环境及自身经营状况，如成长性、盈利能力、规模、代理成本、固定资产比例、税率情况等指标权衡债权融资与股权融资的成本和收益，以公司市值最大化为目标，采用公司特征变量回归拟合最优资本结构。或者根据负债的避税收益和破产成本的权衡净值，建立定量模型来确定最优资本结构。

国内有孟建波教授关于静态最佳资本结构的简化模型，虽然考虑的指标较少，但是仍具有一定的指导意义，具体公式为：

$$InE = (F+I)/E+ [(E+I+F)/V] \times [100b/(1-b)]$$

其中，E 是企业税前利润；F 是固定资产折旧加上债券利息；I 是财务费用；V 是企业总资产；b 是企业最佳资产负债率。

这个模型也提示企业的最优资本结构是与企业的盈利能力、固定资产占比、税率、规模密切相关的，是一种企业生存的适应性特征，所以不同企业的最优资产负债率是变化的。2018 年中国医药板块的整体资产负债率是43%，

这一指标在美国为63%；而相对于其他子行业来说，医药商业的资产负债率明显更高。

不同企业最佳资产负债率从客观结果上来说是差异明显的。资产负债率应越低越好，或应向某个值收敛都是投资人个性化的评判标准。

三、高资产负债率一定是高风险吗

如果一个企业资产负债率高，比如达到80%以上，企业的财务风险一定高吗？艾伯维（Abbvie）自从被剥离上市以来，资产负债率一直保持在80%以上，这并不影响艾伯维的市值常年居前。

艾伯维较高的负债水平实际是源自其良好的盈利能力和现金回收能力。

当企业总资产收益率（ROA）大于负债利率，且企业有能够覆盖负债成本的持续稳定的现金流入，则高资产负债率并不会导致财务风险的发生。这也是海外杠杆收购所依赖的基础，就是通过企业可预测的稳定现金流获得高比例的借贷支持。

同时，我们在上面也提到了经营性负债与融资性负债的差异，如果企业有较高的经营性负债，即可以通过挤占上下游现金流来满足企业自己的资金需求，那即使资产负债率高也并不代表风险。

四、企业的财务风险应该如何评价

1. 简单指标考察

既然资产负债率不能单独衡量企业的财务风险，这就需要其他偿债指标的补充。

我们经常会参考的偿债指标，比如反映短期偿债能力的流动比率、速动比率，反映长期偿债能力的已获利息倍数、经营性现金流量净额/流动负债、长期资本负债率等，都是对公司的财务风险的描述。分散指标有时较难全面揭示企业偿债风险，以下就介绍一个模型。

2. 企业信用风险计算模型

在企业的信用风险定量研究方面，1968年由爱德华·阿特曼（Edward Altman）建立的Z-Score模型有很长的应用历史，其通过对22个财务比率经过数理统计筛选建立了著名的5变量Z-Score模型，对制造类公司的破产预测有较好的效果。后其针对非制造类公司、非上市进行了修正，即 Z"-Score 模型。

Z-Score 系列模型对公司的短期变现能力、盈利能力、偿债能力、运营能力等进行了概括，能够较全面地反映公司的运营安全水平，Z（Z"）分越高，企业经营越安全，Z（Z"）分越低，企业出现破产危机的可能性越大。具体的模型如下：

$$Z = 1.2X_1 + 1.4X_2 + 3.3X_3 + 0.6X_4 + 0.99X_5$$

$$Z" = 6.56X_1 + 3.26X_2 + 6.72X_3 + 1.05X_6$$

其中，各变量的含义如下：

X_1=营运资本（流动资产-流动负债）/总资产，反映公司在短期内资产变现能力，也就是短期偿债能力；

X_2=留存收益/总资产，留存收益为公司净利润减去股利的部分，代表自有资金；

X_3=EBIT（息税前利润）/总资产，反映了公司利用全部资产获利的能力；

X_4=股东权益市场价值总额/负债总额，客观反映了公司的财务结构；

X_5=总资产周转率，体现公司管理层的营运能力，即利用资产获利的效率；

X_6=股东权益账面价值总额/负债总额，在 Z"-score 模型中用来反映未上市公司的财务结构；

Altman 根据历史数据统计，为 Z-Score 确定了经验临界值。当 Z<1.8 时，公司处于"破产区"；而当 Z>2.68 时，公司则处于"安全区"，运营良好，破产可能性很小。处于区间内，说明企业有一定的财务风险。对于 Z"-score 模型，非制造业和非上市公司的两个临界值为 1.23、2.9。

Z-Score、Z"-score 模型相比于其他信用风险模型如 KMV、Credit Portfolio View 等，具有更好的实操性，并对样本数据的要求不高。这些模型临界值在国内存在适应性问题，参数需要修正；但其作为静态线性模型，对市场的变化不够灵敏。

我们选择艾伯维（Abbvie）以及国内做并购较多的复星医药作为研究对象，近几年，他们的投资并购处于行业领先地位，我们用 Z-Score 模型观察他们的财务风险变化情况。

第二章　资产负债表

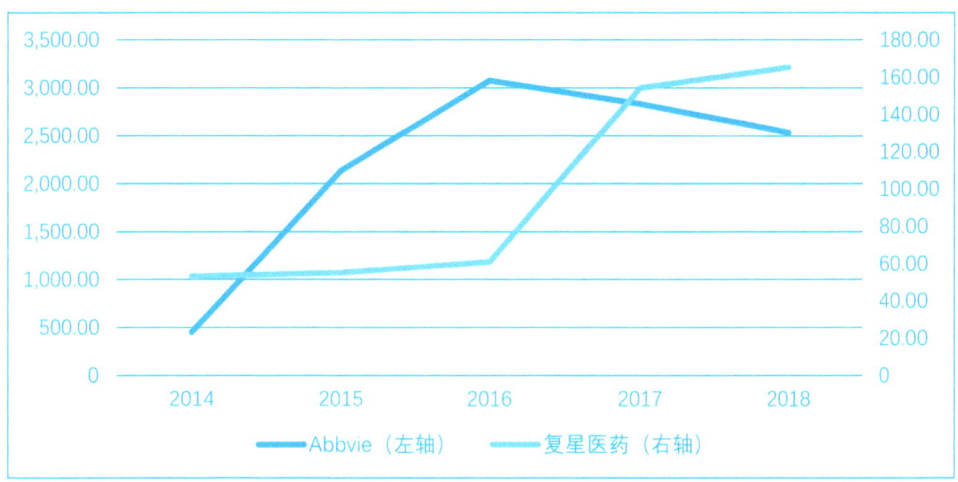

图 2-23　2014—2018 年艾伯维与复星医药无形资产与商誉变化情况（单位：亿元）

数据来源：公司年报。

表 2-28　艾伯维（Abbvie）2014—2018 年 Z-Score 模型数据

指标	指标示意	2014 年	2015 年	2016 年	2017 年	2018 年
X1	营运资金/总资产	0.17	0.10	0.10	0.06	(0.00)
X2	留存收益/总资产	0.02	0.04	0.07	0.08	0.06
X3	EBIT/总资产	0.14	0.14	0.14	0.14	0.11
X4	股东权益市场价值/总负债	4.04	1.97	1.66	2.35	2.05
X5	总收入/总资产	0.72	0.43	0.39	0.40	0.55
Z 值		3.82	2.27	2.06	2.45	2.23

数据来源：公司年报。

表 2-29　复星医药 2014—2018 年 Z-Score 模型数据

指标	指标示意	2014 年	2015 年	2016 年	2017 年	2018 年
X1	营运资金/总资产	(0.02)	(0.07)	0.02	(0.02)	0.00
X2	留存收益/总资产	0.15	0.18	0.20	0.18	0.18
X3	EBIT/总资产	0.02	0.04	0.04	0.04	0.03

· 143 ·

续表

指标	指标示意	2014年	2015年	2016年	2017年	2018年
X4	股东权益市场价值/总负债	3.97	2.97	3.10	3.88	1.60
X5	总收入/总资产	0.34	0.33	0.33	0.30	0.35
Z值		2.95	2.39	2.61	2.96	1.67

数据来源：公司年报。

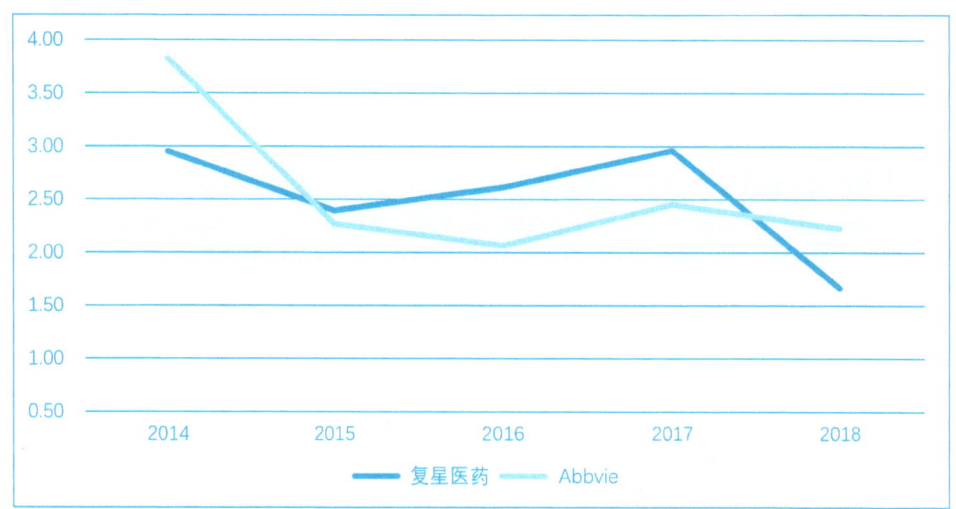

图2-24　复星医药与艾伯维2014—2018年Z-Score模型Z值变化情况

数据来源：公司年报。

由图2-24可以看出，艾伯维在2015年之后，基本均处于财务风险较高的状态，整体呈波动状态。复星医药由于长期以内生和外生两个战略并重，企业的财务负担也较重，2015年之后财务风险有逐步降低的趋势，但是2018年复星医药市值减少过快导致Z值下降明显，已经低于1.8的临界点（由于Z-Score模型参数在中国的适应性问题，并不具有明确指示意义）。

五、有哪些需要重点分析的负债科目

1. 有息负债

在日常财务分析工作中，有时会遇见货币资金与负债双高的情况，这是一个值得警惕的信号。

货币资金与经营性负债双高并不矛盾，但货币资金与有息负债双高是值得警惕的。这种现象可能的原因包括货币资金受限、货币资金临时充实、集团子公司间情况差异大等，但也有货币资金造假的情况，需要通过了解公司业务来分析。A股的医药公司近两年关于存贷双高的各类情况都出现过，如果存在存贷双高、净利润与经营性现金流量净额长期差距过大，提示投资人对财务报表的分析需要深入。

2. 应付账款与应付票据

（1）商业信用与银行信用

在中国，应付账款对应着商业信用，应付票据对应着银行信用（中国的应付票据主要是银行承兑汇票）。应付账款不仅承载信用风险，还反映了上下游企业价值链的相对强弱关系。企业选择使用商业信用或银行信用反映企业结算权力差异，在产业链地位较高的企业通常在销售中首选现金，其次为信用风险较低的应收票据，最后才是应收账款。在采购时，其会首先采用应付账款，其次才是应付票据及现金，以此掌握还款自主权。

我们可以看到一些有传统独家品种的中药企业多数具有很强的结算能力，应付账款大于应收账款、应收票据大于应收账款、应付账款大于应付票据，比如云南白药、同仁堂、江中药业、桂林三金等。

（2）应付账款财务舞弊问题

应付账款是资产负债表中舞弊发生比例较高的会计科目。情况一是应付账款长期挂账，但这些款项已经无从支付。情况二是虚增或少计应付账款，调节收入或成本，从而管理盈余，或用来优化资产负债表结构。

3. 其他应付账款

其他应付账款是企业在经营活动以外发生的应付和暂收款项，如租金、存入保证金、预提费用等。其有很多主营业务以外的繁杂往来款，是企业财务舞弊的重点科目。

我们分析其他应付账款，一方面是要了解是否存在用其他应付款调节收入、费用等科目的舞弊行为，比如调整应付租金的计入时间而影响成本费用的核算；另一方面是看是否存在隐藏性负债问题，比如民间借贷、融资租赁等。隐藏性负债使企业的有息负债以经营性负债的形式体现，使借款数据失真。

对于隐形负债的分析可以通过查询企业的法律诉讼情况、查看企业的经营记录、分析或有事项及或有负债等方法进行。监管机构也很重视其他应付款，比如近年来其他应付款增长较快的延安必康、瑞康医药、海王生物等都收到了交易所的问询。海王生物近几年并购速度较快，资金压力较大，其他应付款增加明显，其多来自关联方。

4. 应付职工薪酬

财务报表的勾稽关系，有的是表内的，有的是表间的。关于职工薪酬，存在一个三张表之间的勾稽关系。通过勾稽关系可以判断报表数据的真实性、合理性。这个勾稽关系是：

职工薪酬（利润表二级科目，分别在成本、管理费用、销售费用明细中）=应付职工薪酬期末余额−期初余额（资产负债表）+支付给职工以及为职工支付的现金（现金流量表）

同时，还有一个重要的勾稽关系是：应付职工薪酬本期减少额（报表附注）=支付给职工以及为职工支付的现金（现金流量表），有时前者要略微大于后者，是由于前者包含在建工程的人员薪资，已资本化。

5. 预计负债与或有负债

预计负债是计入资产负债表的，是指根据或有事项等相关准则确认的各项预计负债，包括对外提供担保、未决诉讼、产品质量保证、重组义务以及固定资产和矿区权益弃置义务等产生的预计负债。

或有负债是不计入资产负债表的，只做披露，是指有可能产生的负债。

如果经济利益"很可能"流出企业且能可靠计量，则计入预计负债，最终是要通过营业外支出、费用等影响利润。如果经济利益"可能""极小可能"或不能可靠计量，则作为或有负债考虑披露。2019年底，鹭燕医药收到中国证监会的警示函。这是由于其子公司成都禾创药业在被收购前，对另一家企业2亿元的信托贷款提供连带责任担保，但鹭燕医药未披露。后因贷款企业无法按时归还信托贷款及利息，使得鹭燕医药子公司被法院列入被执行人。这就是一个或有负债的案例。

医药企业的预计负债可能涉及对外担保的责任、诉讼、因产品质量问题导致的赔偿等，也有一些不常见的情况，如海正药业的案例。

海正药业在2017年底发布公告称其拟出售控股子公司导明医药的股权，并有部分债转股，之后将不具有导明医药控制权，导明医药估值4.8亿元，预计投资收益将增加公司 2017 年度归属于母公司的营业利润 1.3 亿元左右。后交易所就此事发布了问询函,在交易所的要求下,公司披露了涉及股权转让限制、优先购买权、共同出售权、回购权、拖售权等合同内容。其中回购权约定,自合同签订之日起 60 个月内,新的导明医药如未能完成合格上市或合格并购,投资方有权要求海正药业等股东回购股权。

后海正药业年审会计师认为回购条款属于附条件的回购条款,回购行为是否会实际发生存在不确定性,因此公司对导明医药投资核算方法转换所对应的处置收益尚无法确定已经实现。按企业会计准则规定计算确认因丧失控制权产生的投资收益部分暂挂预计负债,待各方投资者明确回购事项不会发生或回购事项发生但其他方实际履行回购义务后再转入投资收益科目。

第十五节　所有者权益

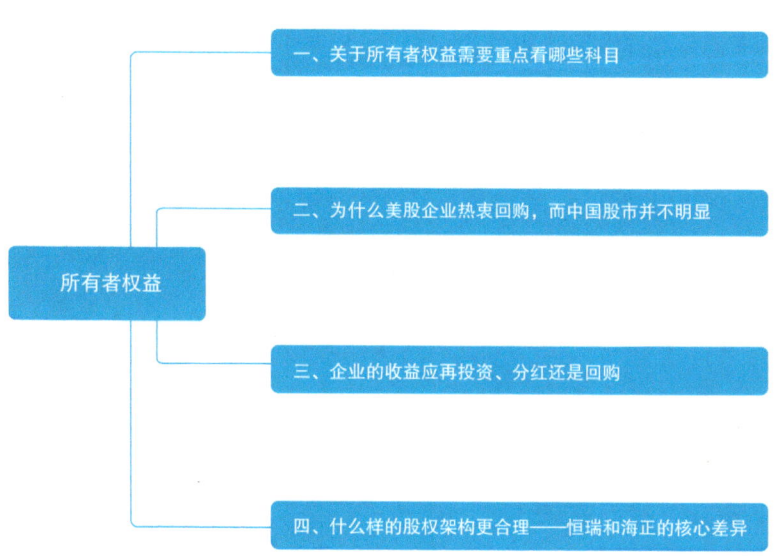

中国民营医疗的发源地在福建莆田，美国民营医疗的中心在人口不多的田纳西州纳什维尔市，HCA（Hospital Corporation of America）医疗集团自20世纪60年代从纳什维尔市开始发展，如今成长为全球最大的私营医院集团，拥有近200家医院，近5万张病床，2018年的收入达466.77亿美元，EBIT（息税前利润）约66.42亿美元。

但是HCA的所有者权益近10年一直为负。在它的大部分历史中，它都是公开交易的。2006年11月，由HCA创始人Thomas Frist Jr.（其与他的医生父亲共同创立HCA）、私募股权公司KKR、贝恩资本和美林成立的实体公司Hercules Holding II LLC完成了对HCA的杠杆收购，由此，Thomas Frist Jr. 拥有的股份从4%增至15%。此次私有化的总价值约210亿美元，交易规模在美国仅次于1989年250亿美元的美国雷诺兹-纳贝斯克（RJR Nabisco）公司的杠杆收购案。

私有化的财务处理，使得公司的所有者权益发生了巨大变化。如表2-30所示，HCA公司2006年资产负债表所有者权益中，用于回购普通股的费用约213.73亿美元，所有者权益账面价值为-113.74亿美元。自2006年之后，尽管

第二章 资产负债表

公司的 EBIT 在稳步增长，但是每年近 20 亿美元的利息支出还是对公司的财务产生了较大的压力，至今公司的所有者权益仍然为负。

表 2-30　2006 年 HCA 公司私有化完成后的所有者权益情况

单位：百万美元

	Common Stock		Capital in Excess of Par Value	Other	Accumulated Other Comprehensive Income	Retained Earnings (Deficit)	Total
	Shares (000)	Par Value					
Balances, December 31, 2005	417,513	4	—	—	130	4,729	4,863
Comprehensive income:							
Net income						1,036	1,036
Other comprehensive income:							
Change in net unrealized gains on investment securities					(102)		(102)
Foreign currency translation adjustments					19		19
Defined benefit plans					(49)		(49)
Change in fair value of derivative instruments					18		18
Total comprehensive income					(114)	1,036	922
Recapitalization—repurchase of common stock	(411,957)	(4)	(5,005)			(16,364)	(21,373)
Recapitalization—equity contribution	92,218	1	4,476				4,477

续表

	Common Stock		Capital in Excess of Par Value	Other	Accumulated Other Comprehensive Income	Retained Earnings (Deficit)	Total
	Shares (000)	Par Value					
Cash dividends declared						(139)	(139)
Stock repurchases	(13,057)					(653)	(653)
Stock options exercised	3,970		163				163
Employee benefit plan issuances	3,531		366				366
Balances, December 31, 2006	92,218	$1	$—	$—	$16	$(11,391)	$(11,374)

数据来源：公司年报。

由私有化导致的所有者权益为负是个别的案例，但是美国上市公司所有者权益为负的情况并不少见，比如麦当劳、波音等。其中，小公司多是由于长期盈利差，持续亏损导致的资不抵债；而大公司所有者权益为负则多是由于对回购的热衷，公司回购已经成为美国股市近10年繁荣的推动力量，由回购而导致企业所有者权益为负反映出企业进入成熟阶段后对于公司利润分配的一种倾向。

那么所有者权益由哪些部分组成、公司为什么要回购、公司在什么情况下会选择回购，以及所有者权益体现的股东结构是否合理，都会在本节中详细讨论。

一、关于所有者权益需要重点看哪些科目

所有者权益，也称股东权益，主要组成包括所有者投入的资本、留存收益、直接计入所有者权益的利得和损失。分别代表股东对公司投入的资本、公司自己赚取的资本以及其他转化的公司资本的机会。

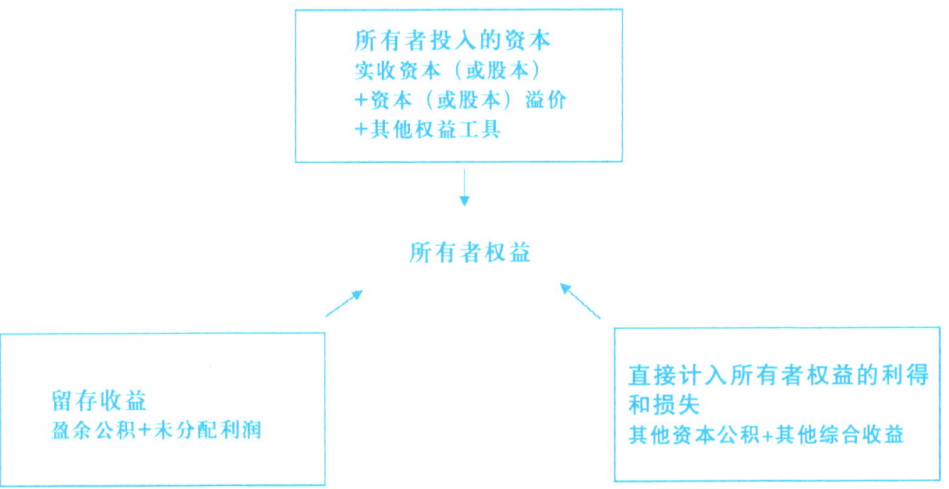

图 2-25 所有者权益包含的内容

1. 所有者投入的资本

比如，有一家初创的医药公司，注册资本是 2000 万元，实缴 1000 万元。公司发展顺利，做了一次融资，投前估值为 4000 万元，融资 1000 万元。那么公司所有者投入的资本是什么情况呢？

所有者投入的资本包括实收资本、资本溢价以及其他权益工具。

实收资本即是股本，是指企业接受投资者投入企业的资本，是确定投资人在企业所有者权益中份额的基础。在本例中，融资后公司整体估值为 5000 万元，新股东获得 20% 的股份，原有股东的持股比例从 100% 降为 80%，公司未融资时的实收资本为 1000 万元，则公司融资完成后实收资本为 1250 万元（1000 万/80%）。

资本溢价是资本公积项下的二级科目，核算企业收到投资者出资额超出其在注册资本或股本中所占份额的部分。包括投资者投入资本的溢（折）价部分；回购本企业股票（库存股）的相关处理等。在本例中，新的股东投入了 1000 万元，但是公司的实收资本只增加了 250 万元，那剩余的资金投入都会计入资本溢价这个科目中去，即公司的资本公积增加 750 万元。

其他权益工具是企业除了普通股之外发行的其他权益工具，比如优先股、永续债等。在本例中不涉及优先股、永续债问题。

2. 留存收益

留存收益是指企业从历年实现的利润中提取或形成的留存于企业的内部积累，包括盈余公积和未分配利润两类。其中，盈余公积是指企业从税后利润中提取形成的、留存于企业内部、具有特定用途的收益积累。以上面创业公司为例，其在经营期间每年都有不错的利润，出于企业发展需求，每年的盈利都没有分红，全部都留在了公司，这就形成了留存收益。

公司的利润可以用来分红、回购股票或作为未分配利润留在公司，以备公司再投资需求。公司这些利润分配行为的动机我们将在后面详细讨论。

3. 直接计入所有者权益的利得与损失

直接计入所有者权益的利得与损失包括"其他资本公积"与"其他综合收益"，这两个内容核算较为繁杂。"其他综合收益"是 2014 年修订后的会计准则才增设的。

（1）为什么利得与损失不计入利润表

假如一家医药公司战略持有其他公司的股票，比如科伦药业买入石四药的股票，但是公司认为其是非交易性的，没有短期出售计划，股票资产价值在某资产负债表日大幅上涨，则这个收益是不能计入"公允价值变动损益"科目，而是要放在所有者权益中的"其他综合收益"中，即使日后出售石四药的股票，之前计入"其他综合收益"的累计利得或损失将从"其他综合收益"中转出并直接计入留存收益，不能转入损益。

2020 年巴菲特在给伯克希尔·哈撒韦公司股东的信中解释 2019 年公司利润相对于 2018 年几乎翻倍的原因，是由于美国会计准则在 2018 年底实施了新规，公司持有的股票资产公允价值变动需计入净损益中，而在这之前是计入"其他综合收益"的。关于金融资产投资的详细介绍参见本书第六节的内容。

（2）"其他资本公积"与"其他综合收益"的差异

"其他综合收益"有过渡性质，其中一部分收益未来是要转出的。比如上面科伦药业的以公允价值计量且其变动计入其他综合收益的金融资产产生的公允价值变动、其他利得与损失不计入投资收益，而是计入资产负债表的"其他综合收益"，利得或损失先在这里做一停留，未来终止确认时，转入"留存收益"。

"其他资本公积"则不是过渡科目，是一个确定事实。其核算与股本投入相关的两类利得与损失。比如某药品生产企业投资了一家医疗器械生产企业，占其 30%的股份，后器械公司进行了新一轮的融资，则药品生产企业享有的医疗器械生产企业的所有者权益的变动份额会计入这家药品企业的其他资本公积。

二、为什么美股企业热衷回购,而中国股市并不明显

回购热主要发生在美股市场。美国已经有超过10年的牛市,回购资金是美国牛市的一个重要推动力,如表2-31所示,相对于散户、共同基金或ETF,企业回购已经是股票购买的主要资金来源。

表2-31 标普500主要支持资金来源

单位:十亿美元

Category	2014年	2015年	2016年	2017年	2018年
Corporations	$442	$508	$697	$296	$509
Households	95	(138)	(151)	226	191
Life Insurance	(5)	31	98	(45)	(18)
Foreign Investors	114	(191)	(188)	125	(94)
Mutual Funds	95	58	(112)	(134)	(124)
Pension Funds	(272)	(7)	(217)	(162)	(243)
Other	12	(7)	(12)	(17)	9
less					
Foreign equities by US	432	197	22	167	128
Credit ETFs	50	57	96	123	100
Included among holders above are:					
Equity ETF purchase:	$191	$174	$188	$347	$210

数据来源:Federal Reserve Board and Goldman Sachs Global Investment Research。

中国股市一直都有回购行为,但是规模都比较小。截至2018年底,美国医药板块的库存股(多由回购产生)绝对值约占所有者权益的50%,约占总市值的8%。中国医药行业的这一数据可以忽略不计。

1. 为什么美股回购规模较大

自由现金流量一词大家并不陌生,是指真正剩余的、可自由支配的现金流量,是计算企业绝对估值时的基础。但自由现金流量最早的内涵并不是这样,其产生于1986年,由美国学者Jensen提出,他在观察长期盈利很好的石油企业约

20年后发现，这些企业声称为了股东长远利益，没有进行现金分红而将留下的现金进行大肆并购是低效率的乱花钱行为，他们给这种应该回报给股东但被扣留在企业，即使使用也达不到预期收益率的现金起了一个独特的名字——自由现金流量。所以对于冗余的现金，如果没有更好的投资方向，很多成熟的企业会选择分红或回购自己的股票。

从原理上来说，回购有几个直接价值，一是减少股本，间接提升每股收益，有利于股价上涨；二是管理层向市场传递股票低估的信息，增强投资者持股信心；三是通过提高负债率以及减少流动股份来抵御"门口的野蛮人"。同时，作为现金分红的一种替代手段，回购有一定节税的作用。

自2008年全球金融危机以来，美股企业增强的资产负债表以及不断增长的投资者需求共同推动了股票回购。更核心原因是利率与国债收益率下降所提供的诱人的资金成本以及美国公司债市这些年的快速增长。除了部分头部企业现金过剩，更多的公司在债券市场筹集资金进行举债回购。

2. 为什么中国股票回购规模较小

（1）法律要求

我国股票回购比例较低最直接的原因是法规对回购行为的限制。日本、德国等市场对回购行为均有限制，即"原则禁止，例外允许"。这种谨慎态度来自对风险的权衡，如大股东利益输送的风险，即上市公司去回购大股东或相关利益方所持股票而非选择公开市场；如操纵市场的风险，即公司会利用信息不对称优势用库存股买卖影响市场；如提升公司的偿债风险，公司使用资金不当则公司的偿债风险会被放大。2018年，我国公司法对回购条例进行了修改，允许上市公司为维护公司信用及所有者权益而回购，并建立库存股制度。

（2）负债结构及成长性影响

对于上市公司来说，我国债务融资和股权融资的实际成本差异是比较大的，股权融资的成本较低，是企业融资的首选；而美国企业债务融资的成本通常较低，且长期贷款供应充分。

同时，国内多数企业具有良好的成长性，企业融资后更多的是进行再投资。

（3）股权激励考察方式差异

国内股权激励一般与公司的财务指标相挂钩，如收入与收入增长率、净利润及净利润增长率、ROE、回款等，很少与市值增长关联，这与美国市场不同，美国股权激励的高管考核中市值考核的占比较高,则高管更有动力将冗余的现金进行回购,增强市场信心,提升市值。

三、企业的收益应该再投资、分红还是回购

1. 不同分配形式收益率公式推导

不同的举措都能让公司股东受益。投资有助于公司利润的增长,分红将现金发给了股东,而回购可以推升公司股票价格。

假设公司的净利润额为a,用于分红的比例为X%,市值为b,股本为c,公司的估值保持稳定。如果公司将利润用于内部项目的再投资,则其未来的收益可以用ROE来计算,收益的增长率为A:

A=(a·X%·ROE)/a=ROE·X%;

如果公司用于分红,则股东获得的股息率为B:

B=((a·X%)/c)/(b/c)=(a/b)·X%=(1/PE)·X%

如果公司用于回购,则股价的增长率约为C:

C=(b/(c(1-aX%/b)))/(b/c)-1=(aX%/b)/(1-aX%/b);

参考泰勒展开,

C=(aX%/b)/(1-aX%/b)=aX%/b+(aX%/b)^2+…+(aX%/b)^n;

在实际的股票回购过程中,回购金额占市值比例(即aX%/b)一般不超过10%,均值约2%,则泰勒展开后数值太小可以忽略。

则:C≈aX%/b≈(1/PE)·X%

2. 不同分配形式收益率比较

我们可以把三种收益分配方式收益率做一比较。

A(内部再投资)=ROE·X%

B(分红)=(1/PE)·X%

C(回购)≈(1/PE)·X%

如果ROE大于PE的倒数,则选择公司应将收益留存,用于再投资较为合适;如果ROE小于PE的倒数,则公司应该考虑回购或者分红。

回购和分红的选择,还有很多问题要考虑。第一是公司目前的估值是否合理,如果回购时公司的价格过高,则公司实际上是购买了一种未来可能减值的资产,实际上是一种潜在亏损,这种亏损可能会抵销减少股本带来的收益。第二是

公司回购后的存库股是否为了向高管和员工提供股票期权，如果是的话，这些收益其实并没有支付给股东。第三是对税收的考虑。

上述公式说明，成长性的公司或者新兴市场公司，由于潜力较大，增长较快，PE 都较高，则分红回购都不如留存收益再投资；而成熟公司，PE 相对较低，则公司可以考虑将无法获得理想收益的现金返还给股东或者回购。

3. 负债做回购是否划算？

如果股东收益分配都是通过借贷的方式，则三种收益分配方式股东收益率可以表达为：

A′（再投资）= ROE-Y%

B′（分红）=（1/PE）-Y%

C′（回购）≈（1/PE）-Y%

其中，Y% 是借贷的利率。

因此，公司考虑是否借贷回购，实质上是公司估值与长期借贷利率的比较。2009 年初金融危机见底以来，美联储的超常规货币政策带来了信用的极度宽松以及超低的债务融资成本。很多企业的管理层就开始通过债权融资来替换股权融资，并开始做股票回购。这就是借贷利率下降导致的回购价值提升。

是借贷去回购，还是借贷去经营，或是融资去经营，是三种资金收益率的比对。这也是我国企业很少进行借贷回购的根本原因。

4. 如何理解巴菲特关于留存收益分配的建议

巴菲特对于如何考核一家公司留存收益（再投资）比例是否合理的标准是："对于股份公司留存的每一个美元，至少可以为所有者创造一美元的市场价值。"其在《巴菲特致股东的信》《巴菲特之道》等书中以及多种场合都表达过这个观点。

这句话可以这么理解，公司获得留存收益，如果去回购，即相当于 1 美元购买了 1 美元的市场价值；如果希望投入在企业内部，则应该保证这 1 美元创造的市场价值大于回购。这是一个回购还是再投资的选择。

5. 如何判断公司的分红能力

企业分红动力较为复杂，如大股东对现金的需求、大股东对股价的诉求、监管层的半强制要求等。

判断企业分红能力，核心指标是留存收益。但是如果是现金分红，则需要考虑股利支付能力，应当计算企业的自由股权现金流（FCFE）。有一个粗略的判断方法，即未分配利润减去应收账款加上应付款项，结果如果为正，则分红条件较好。同时，企业持续的盈利能力也是判断指标。

四、什么样的股权架构更合理——恒瑞和海正的核心差异

1. 持股多少能控制公司

在公司持股比例方面，有四个非常重要的数值，代表不同水平对公司的控制，分别为2/3、51%、1/3、30%。

2/3是绝对控制线，关于公司的增减资，修改公司章程，分立、合并、变更主营项目等重大决策，需要2/3以上票数支持。51%是相对控制线，持股比例超过50%一般即认定为控股股东。1/3是否决性控制线，即一票否决权，可以否决股东大会的重大决策，如未名医药拥有科兴生物的一票否决权，对科兴生物的影响不可谓不大。30%是上市公司要约收购线，如持股达到30%继续进行收购的，应当采取要约方式进行，发出全面要约或者部分要约。

公司章程可以约定股东会是否按照出资比例行使表决权，即可以同股不同权。美股有近10%的公司采用这种架构，尤其是互联网行业。我国公司法不允许股份有限公司同股不同权，但是，如股东之间达成合意，可通过表决权委托的方式实现，2019年科创板开始试点允许特殊股权结构企业上市。如对股权融资依赖较高的医药行业也使用这种架构，则对产业长期发展有利。

2. 持股比例是界定控制公司的标准吗

表2-32 上交所与深交所对拥有上市公司控制权的认定

根据	构成控制的情形	说明
上交所《股票上市规则》	1. 股东名册中显示持有公司股份数量最多，但是有相反证据的除外； 2. 能够直接或者间接行使一个公司的表决权多于该公司股东名册中持股数量最多的股东能够行使的表决权； 3. 通过行使表决权能够决定一个公司董事会半数以上成员当选； 4. 中国证监会和本所认定的其他情形	1. 持股比例不重要，重在具有控制权； 2. 不持有公司股份的人也可认为为控制人

续表

根据	构成控制的情形	说明
深交所《股票上市规则》	1. 为上市公司持股50%以上的控股股东； 2. 可以实际支配表决权超过30%； 3. 通过实际支配上市公司股份表决权能够决定公司董事会半数以上成员选任； 4. 依其可实际支配的上市公司股份表决权足以对公司股东大会的决议产生重大影响； 5. 中国证监会认定的其他情形	1. 表决权超过30%即可肯定控制，就是对否决性控制的认同； 2. 足以对股东大会决议产生重大影响即可

数据来源：上交所、深交所。

虽然我国两家交易所对实际控制的界定略有差异，但是可以看出判断是否对公司进行控制已经不完全局限在持股比例上，能对公司决策产生重大影响的，即使不持有公司股份的人也可认定为实际控制人。

3. 公司股权结构应该集中还是分散

海正药业和恒瑞医药是国内知名的医药制造企业，同于2000年上市。两家公司过去20年的研发投入体量也是较为接近的，但是海正药业与恒瑞医药的市值在2018年底分别为81亿元与1942亿元。这其中有公司战略的问题，但更核心问题可能是股权结构。

海正药业的前两大股东均为国有法人，第一大股东是海正集团，持有海正药业33%的股权，海正集团的控股股东是台州市椒江区政府，算下来台州市椒江区政府只持有海正药业13.29%的股权比例，其他股东都较为分散。而恒瑞医药较早完成了MBO，第一大股东江苏恒瑞医药集团有限公司持有上市公司24%的股份，孙飘扬持有恒瑞集团近90%的股权，上市公司第二、第四大股东均与实控人有较深渊源，恒瑞的股权结构更加集中。

在投资工作中，我们认为实控人的持股比例应该相对高一些。一方面，其核心的利益都在上市公司中，现金流权和选举权是统一的，如能将上市公司经营得优秀，市值的持续增长能够使其利益最大化。另一方面，实际控制人既是所有者又是经营者，公司的管理效率比较高，股东和代理人之间的博弈损耗较小。

我们遇到过很多在股市中口碑较差的公司，有不少都是由于第一大股东持股比例较低，其对公司经营承担的风险与其所持股份的收益是不对等的，大股东就有可能将上市公司的资产转移或者进行利益输送，或者通过市值管理获取利益。控制权带来的额外收益是很可观的。

现在较多的实证研究结果表明，第一大股东的持股比例也不可过高，如果第一大股东是绝对控股的，大股东的行为难以监督，侵害投资者的事情常会发生。国内上市公司的持股集中度一般比海外的要高，大股东占比（包括一致行动人）在20%~50%较为常见。

第三章 读懂医药行业现金流量表

第十六节　现金流量表

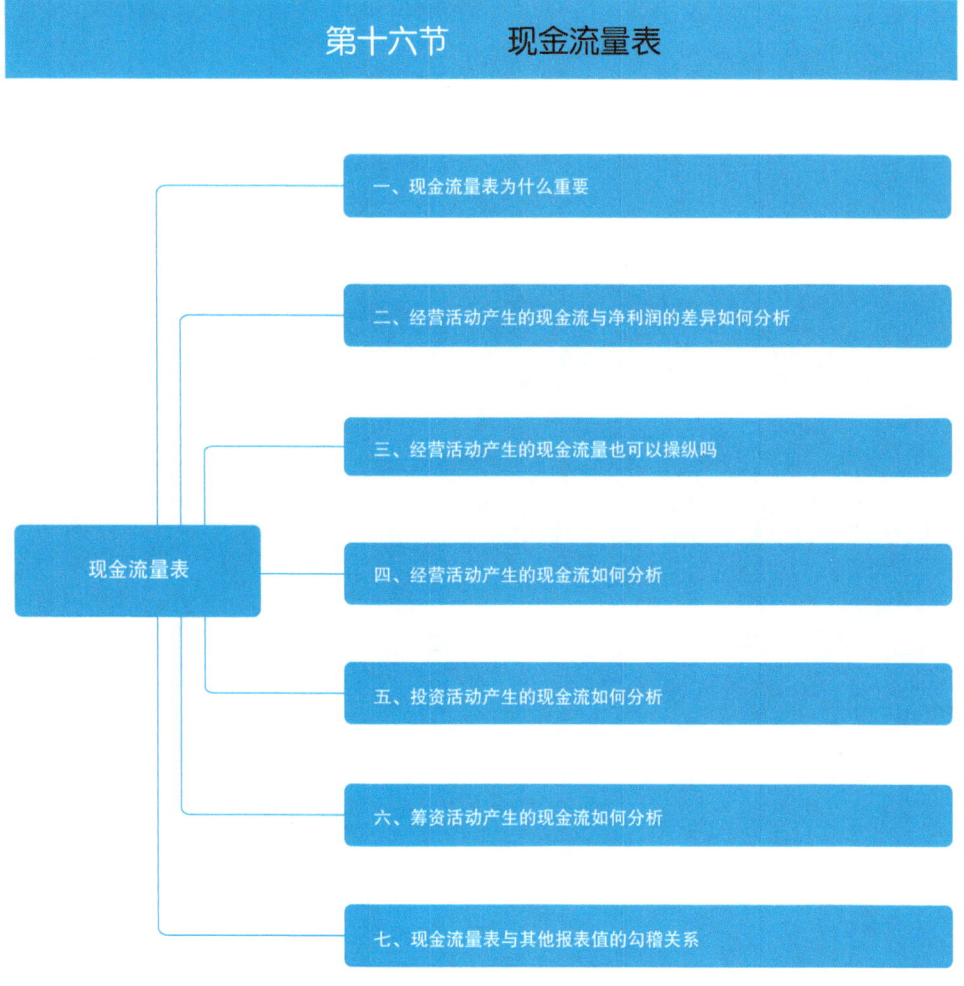

2017年9月27日,国药控股在港股遭到做空,虽然当日收盘无恙,但盘中跳水也引起众多投资者的关注。做空国药控股的是 GMT 公司,其发表研究报告指控国药在财务报告及现金流上作出失实陈述,认为国药需要对此作出更正。

我们先来看国药控股的现金流量情况,如表 3-1 所示,公司在 2012 年出现了经营活动现金流的大幅增长,由 2011 年的 10.19 亿元增长至 2012 年的 40.17 亿元,同时筹资活动现金流大幅下滑,由 2011 年的净流入 74.28 亿元下降至 2012 年的净流出 51.78 亿元,同样的情况也出现在 2015 年,即经营活动现金流与筹资活动现金流的大幅变化。

第三章　现金流量表

表 3-1　国药控股 2009—2017 年现金流量简表

单位：亿元

现金流量表摘要	FY2018	FY2017	FY2016	FY2015	FY2014	FY2013	FY2012	FY2011	FY2010
经营活动现金流量	36.54	16.67	92.58	135.60	55.61	49.41	40.17	10.19	12.03
投资活动现金流量	(59.08)	(25.47)	(16.06)	(15.96)	(43.58)	(40.66)	(22.09)	(28.31)	(18.31)
筹资活动现金流量	103.19	43.02	(20.27)	(73.28)	0.22	34.09	(51.78)	74.28	5.36
现金净增加额	80.58	34.39	56.07	46.87	12.30	42.00	(33.69)	56.16	(0.93)
期末现金余额	402.99	290.11	255.73	199.19	152.32	140.02	97.22	130.91	74.75

数据来源：公司年报。

GMT 认为这就是失实陈述所在，认为国药控股自 2012 年起在年报中披露的原因，即"在本集团与部分银行通过应付保理融资业务，由银行代为偿付应付账款，同时转做银行借贷"，是国药控股以某种方式说服了其会计师事务所普华永道（PwC）将应付账款的偿还从经营行为重新分类到融资行为，这与普华永道声称的会计准则是相违背的，并附上了推算的国药控股实际的现金流量情况，如表 3-2 所示。

表 3-2　经 GMT 公司调整后国药控股的现金流量情况

单位：百万元

(RMBm)	FY12	FY13	FY14	FY15	FY16	Total
Operating cash flows (OPCF) as reported by Sinopharm	3,856	4,941	5,561	13,412	9,258	37,028
− Less interest expenses	(1,318)	(1,731)	(2,191)	(2,089)	(2,043)	(9,372)
− Less other	136	222	126	294	237	1,016
Operating cash flows standardised format[1]	2,674	3,433	3,496	11,617	7,452	28,672

续表

(RMBm)	FY12	FY13	FY14	FY15	FY16	Total
- Less cash flow generated from trade creditor repayments	4,962	5,426	4,605	3,568	3,037	21,598
Payables adjusted OPCF	(2,287)	(1,993)	(1,109)	8,050	4,415	7,076
- Less cash flow generated from factoring receivables	(1,462)	1,369	29	5,192	4,553	9,681
- Less cash flow from discounting notes receivable	(2,785)	1,108	806	5,465	(1,419)	3,175
Discounted, factored and payable adjusted OPCF	1,960	(4,470)	(1,945)	(2,607)	1,280	(5,782)

[1] Bloomberg's standardised format.

数据来源：GMT Research estimates, Bloomberg, Sinopharm。

市场对这一做空报告并没有太大反应，因为这并不是国药控股的新鲜事，在2012年就出现过质疑的声音。中国的医药商业公司都有巨大的应收账款与应付账款，尤其是国药控股作为中国最大的医药商业公司，一直在进行着扩张，其资金的需求量是比较大的。商业企业做流动资产证券化是非常常见的，比如应收账款资产证券化，但是国药控股自2012年开始对流动负债进行证券化，这样"经营活动现金流出"就变为"筹资活动现金流出"，由于投资者和监管机构一般都关注经营活动产生的现金流，而对融资活动现金流的变化并不敏感，所以这样确实对经营活动现金流起了一定的美化作用。

一、现金流量表为什么重要

"利润是一种观点，而现金才是事实"，这句来自阿尔弗莱德·拉帕波特（Alfred Rappaport）的话流传甚广。

现代会计制度的基础是权责发生制，但是其使用大量的会计估计，需要运用递延、应计、摊销和分配的会计程序，所以利润表的利润信息需要另一个会计制度去做验证，这就是现金流量表的价值所在，因为其编制使用收付实现制，没有会计估计，信息可靠性高。基于两种报表产生的相对估值与绝对估值方法也在互补使用。

这是医药行业中有些利润表非常亮丽的医药商业企业，由于没有良好的经营活动产生的现金流量做支撑，估值没有制造业企业高的一个重要原因。

二、经营活动产生的现金流与净利润的差异如何分析

1. 净利润现金比率多少是合理的

经营活动产生的现金流量净额与净利润的比值为净利润现金比率，从原理上来说不等于1，核心原因是期限错配，比如企业当期经营支出的现金，有一部分是支付当期利润表里的成本费用，还有一部分是对未来或过去事项的支出，导致资产负债表里现金以外的资产增加或负债的减少。

净利润与现金流量净额短时间可能差异较大，但是长时间应该是同步的。如果五年以上净利润现金比率都远大于1或远小于1，只能说明公司经营模式存在巨大风险或者有盈余操纵的问题。比如康美药业2014—2018年净利润现金比率不足0.2。

A股2014—2018年医药板块净利润现金比率五年累计平均数是0.87，如表3-3所示。个股的波动范围较大，五年的净利润现金比率在0.6~1.5是较为合理的。

但是实际上还有更好描述这一差距的指标，即现金流量偏离标准比率，即经营活动产生的现金流量净额/（净利润+折旧摊销）。由于加回了不涉及现金流动的项目，所以其对比更加明显。现金流量偏离标准比率五年累计平均为66%，这个数据提示在没有折旧摊销因素的影响下，医药行业经营活动产生的现金流量净额只有净利润的2/3，一般认为个股这一比率在0.4~1.2是较为合理的。

表3-3 A股医药板块净利润现金比率以及现金流量偏离标准比率

单位：亿元

	2014年	2015年	2016年	2017年	2018年	五年累计
经营活动产生的现金流量净额（A）	416.01	577.90	773.50	749.38	1,080.88	3,597.68
净利润（B）	519.50	658.89	852.04	1,079.02	1,002.87	4,112.32
净利润+折旧摊销（C）	678.09	864.12	1,109.61	1,394.07	1,385.23	5,431.11
净利润现金比率（A/B）	80%	88%	91%	69%	108%	87%
现金流量偏离标准比率（A/C）	61%	67%	70%	54%	78%	66%

数据来源：wind。

2. 经营活动产生的现金流净额与净利润差异来源有哪些

如图3-1所示，经营活动产生的现金流净额与净利润的差异主要是由四部分组成。简单来说，可能是收入没有变现；现金开支没有在利润表里反映；利润表里的一些成本、费用与利润不涉及现金流；利润与经营活动无关。除此之外，要重视商业票据结算而造成的差异，这个具体在下面详述。

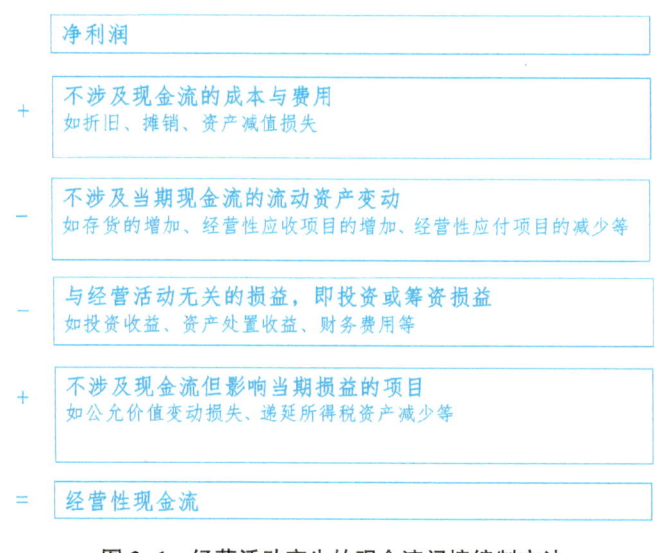

图3-1 经营活动产生的现金流间接编制方法

（1）经营活动产生的应收项目增加——收入没有变现

对于医药行业来说，经营活动产生的应收项目增加是造成净利润与经营活动产生的现金流量净额差异最大的原因。2019年6月，贵州百灵收到深交所关于2018年年报的问询函，要求公司结合业务模式、产品结构、信用政策及收付款情况，说明经营活动产生的现金流量净额大幅减少且为负值的原因。

表3-4 贵州百灵2014—2018年净利润与经营活动产生的现金流量差异

单位：万元

项目	2018年	2017年	2016年	2015年	2014年
净利润	57,176.73	53,203.05	48,626.20	41,614.87	31,505.38
经营活动产生的现金流量	-15,744.54	7,988.42	46,661.55	41,322.87	39,583.32
净利润与经营性现金流量差异	72,921.27	45,214.63	1,964.65	292.00	-8,077.94
经营性应收项目的增加	82,923.85	51,037.97	1,676.02	12,282.89	22,949.08

数据来源：公司年报。

由上表可知，近几年公司净利润与经营活动产生的现金流量净额差异最大的来源为经营活动产生的应收项目增加，具体为应收账款的增加。

（2）关于存货的增加——现金支出没有在利润表中体现

存货增加是造成净利润与经营活动产生的现金流量净额差异的另一个重要原因。云南白药在2010年前后受到三七大幅减产价格大幅上升的影响，存货占用了大量资金，经营活动产生的现金流量净额下降明显。

（3）关于折旧摊销——不涉及现金流的成本费用

上面提及一个指标，现金流量偏离标准比率，即经营活动产生的现金流量净额/（净利润+折旧摊销）。医药行业的折旧摊销约占净利润的20%~30%。

（4）关于投资收益——与经营活动无关的损益

与经营活动无关的损益，即与投资或筹资有关，比如投资收益、公允价值变动损益、固定资产处置收益、利息支出等。其中投资收益与公允价值变动损益往往金额较大，造成净利润与经营活动产生的现金流量净额的差异大幅波动，在做统计时可以剔除这部分的影响。

三、经营活动产生的现金流量也可以操纵吗

监管层、金融机构、投资者对经营活动产生的现金流都较为重视，比如上交所对首次公开发行企业的一个要求为：最近3个会计年度经营活动产生的现金流量净额累计超过人民币5000万元；或者最近3个会计年度营业收入累计超过人民币3亿元。但是经营活动产生的现金流也不是完全客观的，也有被操纵的问题，这无论在IPO还是上市后都不少见。

1. 经营活动产生的现金流流入问题

应收账款保理或者应收票据贴现是企业融资的常见方式，医药商业企业普遍使用。如风险和报酬已实质转移，符合金融资产终止确认条件，即不附追索权，则票据贴现和应收账款出售取得的现金可以计入"销售商品、提供劳务收到的现金"。一些公司为了美化经营活动产生的现金流，进行大量的应收账款售出或应收票据贴现，导致经营活动产生的现金流入数据失真。

如在前面中提到云南白药的案例，其2011年受商业业务持续扩张、票据结算增加影响，经营活动产生的现金流净额为-4.48亿元，多年来首次为负。2012年为了改善经营活动现金流，贴现票据增加超过了10亿元，使得当年经营活动

产生的现金流量净额增加至 7.95 亿元。

表 3-5　云南白药 2010—2013 年收入与经营活动现金流入差异

单位：亿元

项目	2013 年	2012 年	2011 年	2010 年
收入	158.15	136.87	113.12	100.75
YOY	16%	21%	12%	
经营活动现金流入小计	166.63	155.71	115.34	100.81
YOY	7%	35%	14%	
经营活动产生的现金流净额	3.42	7.95	-4.48	4.32

数据来源：公司年报。

同时，在经营活动现金流入中有一项"收到其他与经营活动有关的现金"，反映除主营业务以外其他与经营活动有关的现金活动，主要是政府补助收入、经营往来款（其他应收应付款）等项目合计数，其定义并不清晰。海南海药 2016—2018 年报表中"收到其他与经营活动有关的现金"数额较大，对经营活动产生的现金流影响较大，其中多数为企业往来款，部分为关联方。企业往来款中与关联方的资金往来具有一定的融资性质，这样的资金变动并不反映公司的实际经营情况。

2. 经营活动产生的现金流流出问题

前面提及国药控股的例子，对于应付账款的保理业务，GMT 公司认为国药控股是将经营活动产生的现金流出转为筹资活动产生的现金流出。

银行承兑汇票作为一种商业汇票被企业广泛使用，其信用度高、承兑性强、流动性好，是企业之间一种高效的支付手段，医药行业使用量较大。一方面，鉴于银行承兑汇票不属于现金等价物，以银行承兑汇票背书方式进行支付，对现金流量表是不产生影响的，即有的公司虽然购买了大量的商品和服务，但公司的经营活动产生的现金流出并不会减少。另一方面，如果公司不是通过背书方式转让，而是自己开具银行承兑汇票购买商品或服务，只需缴纳一半或者更少的保证金。部分企业甚至会将缴纳的保证金体现在筹资活动现金流中。基于以上原因，企业会倾向选择通过银行承兑汇票支付来减缓当期现金流压力，并可以美化经营活动产生的现金流。

3. 利用关联方操纵问题

公司可以利用关联公司交易来实现提前或推迟支付货款，或者调节支付的金额，或者通过减少公司存货等方式达到操纵当年经营活动产生的现金流的目的。当然，现金流的操纵比利润的操纵还是要困难很多。

四、经营活动产生的现金流量如何分析

任何会计科目的分析都应该从同比、总额占比、与同行业公司的对比等这些切入点开始查找异常。以下是除了做常规对比外的分析步骤。

1. 看是否满足企业最低非经营性支出需求

分析第一步应该是先看经营活动产生的现金流量净额是否持续为正，并且能够覆盖企业的最低非经营性现金支出需求。企业最低非经营性现金支出需求，一方面是企业进行筹资活动产生的利息支出，另一方面是投资活动中维持性的资本支出，可以以折旧额估算。

医药商业企业有时会出现经营活动产生的现金流量为负的情况。由于商业企业发展需要大量的经营杠杆，应收应付额很高，部分商业企业的直接下游客户是优质医院，应收账款的质量是高于医药制造业等其他细分行业，应收账款质押、保理很常见。所以我们对于商业企业的应收账款可能需要区别对待，对其经营活动产生的现金流量净额也需要区别对待。

2. 看是否与净利润同步

第二步是看是否与净利润同步。如果不是，可以通过经营活动产生的现金流量净额的间接编制方法找出差异所在，分析经营活动产生的现金流量净额形成的过程及构成比例。经营活动产生的现金流量净额如果与净利润长时间相差较大，一是可以先把以商业票据结算的收支加回来；二是需要考虑企业是否经历了较大的事件冲击；三是考虑企业是否关联交易过多，或有财务操纵的问题。

要注意企业经营活动产生的现金流量净额低于净利润不一定就是不好的，要区分是企业主动行为还是被动行为导致，在公司业务快速增长的时期，销售扩张，需要大量的资金，需要与衰退期公司的表现相区分。

3. 看重要的勾稽关系

第三步可以考察经营活动产生的现金流量与其他报表的勾稽关系，如对"销售商品、提供劳务收到的现金"与利润表的"营业收入"、资产负债表"应收账款""应收票据"及"预收款项"等相关科目的等式关系进行考察，从而印证报表各项目的正确性和合理性。对于投资活动和筹资活动现金流量项目都可以去分析其勾稽关系。

五、投资活动产生的现金流量如何分析

巴菲特对投资活动产生的现金流是非常重视的，其认为判断企业是否有足够宽的护城河可以参考10年内企业的资本开支与累计净利润的比值，如果这一比值低于50%，则认为企业有持续竞争优势。

企业投资活动现金流情况一方面反映公司战略，即企业进入什么领域如何竞争，如何通过投资活动构建相应的资产，并且一定时期是扩张、保守还是平衡；另一方面可以反映投资效率。

1. 看投资战略

第一步看投资战略，投资活动现金流出，由三部分构成，分别是"购建固定资产、无形资产和其他长期资产支付的现金""投资支付的现金"以及"取得子公司及其他营业单位支付的现金净额"。但"投资支付的现金"既包括长期股权投资，也包括理财性的投资活动，无法进行区分。

对医药行业，尤其是制药行业投资活动现金流出的分析可以进行重分类，第一类是固定资产、在建工程类，反映企业对长期有形资产的投入，一旦公司购建了某种类型的固定资产，则短期很难改变赛道；第二类是无形资产（剔除土地使用权）、长期股权投资类投资，反映公司外延发展的投资力度，多数是针对专利、药品批件和特有的技术平台的投资，是医药企业的投资重点；第三类是股票、债券等具有理财性质投资，反映资金增值的需求。具体如表3-6所示。

表3-6 对投资活动现金流出的重新分类

分类	固定资产、在建工程类投资
固定资产、在建工程类投资	现金流量表"购建固定资产、无形资产和其他长期资产支付的现金"-资产负债表"无形资产"增加额（不含土地使用权增加额）
无形资产（剔除土地使用权）、长期股权投资类投资	现金流量表"取得子公司及其他营业单位支付的现金净额"+资产负债表"无形资产"增加额（不含土地使用权增加额）+资产负债表"长期股权投资"增加额
股票、债券等具有理财性质的投资	现金流量表"投资支付的现金"-资产负债表"长期股权投资"增加额

以上海医药为例分析企业投资的情况。如图 3-2 所示，从 2014—2018 年近五年的数据来看，上海医药投资活动现金流出是持续增长的，固定资产等长期资产的购建投入是稳定的；无形资产、长期股权投资的现金流出增长明显，尤其 2018 年是其外延发展的大年，支出 40 多亿元完成对康德乐中国的并购，使上海医药成为中国最大的进口总代理商和分销商。同时其作为国有企业，现金流是较为充沛的，具有理财性质的投资金额也较高。

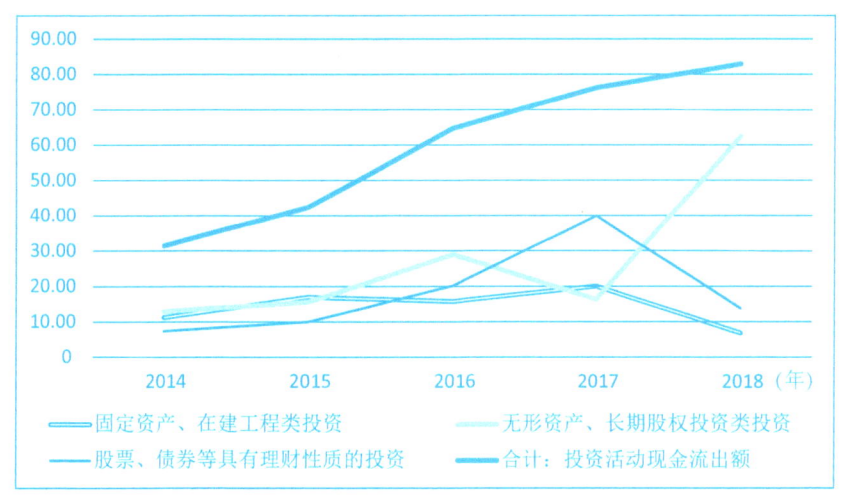

图 3-2　上海医药投资活动产生的现金流出分类情况（单位：亿元）

数据来源：公司年报。

2. 看企业投资效率

第二步看企业的投资效率，对于固定资产类长期资产购建的投资效率可以使用 Richardson 模型估算，其使用广泛，通过使用成长机会、资产负债率、现金流、股票收益率以及上年新增投资支出等预测公司在理想状态下的投资支出，与公司实际投资支出进行比较分析企业的投资效率。而具体投资项目的投资效率一般使用内部报酬率（IRR）、投资回收期等指标衡量。

3. 看财务舞弊

第三步可以考察企业"购建固定资产、无形资产和其他长期资产支付的现金"是否持续高于经营活动产生的现金流量净额。如果是的话，说明企业对长期资产的投入必须要靠外部借贷或融资。除了企业高速发展的原因之外，还需要考察是否存在财务舞弊的问题，因为购建固定资产、在建工程是常见的将现金从公司转移出去的方式。

六、筹资活动产生的现金流量如何分析

结合资产负债表，对筹资活动现金流量的分析会使投资者对支撑企业发展的三类资金（自有资金、债务性筹资获取的资金、权益性筹资获取的资金）有更深的认识。

筹资活动现金流入分为两类，一类是"吸收投资收到的现金"，即权益性筹资获取的资金；一类是"取得借款收到的现金""发行债券收到的现金"和"收到其他与筹资活动有关的现金"，即债务性筹资获取的资金。其中"收到其他与筹资活动有关的现金"所包含的项目较多，如质押借款、承兑、保函保证金、非金融公司借款、个人借款、收回的贷款保证金等。

第一步应该分析一定时期内两类筹资方式的占比以及变化趋势，并且结合资产负债表，通过资产结构与资本结构的对比，判断企业资产与资本特性是否匹配，企业的杠杆使用水平是否合理。

第二步可以对债务性筹资获取资金整体的借贷利率进行分析，计算公司的借贷成本。如果远高于行业平均水平则需要深入了解原因，尤其是"收到其他与筹资活动有关的现金"这一项占比较高的，说明企业的外部借贷环境并不友好，需要进一步考察其风险。

第三步可以结合一定时期内经营活动产生的现金流量和非财务投资性质的投资现金需求，分析企业的资金缺口，预测企业未来的筹资需求以及存在的风险。

七、现金流量表与其他报表的勾稽关系

现金流量表与其他报表之间存在很多勾稽关系，其中"经营活动产生的现金流量净额"与"净利润"的勾稽关系是最被投资者重视的。这些勾稽关系能反映企业经营的一些问题，有时也能识别财务舞弊。

1. "期末现金及现金等价物余额"与"货币资金"

现金流量表"期末现金及现金等价物余额"与资产负债表的"货币资金"这两个科目金额一定相等吗？上文中提及的上海医药，其2018年末"货币资金"为186.95亿元，而"期末现金及现金等价物余额"为166.06亿元，两者有20亿元左右的差异，这种情况较为常见。

这是由于"货币资金"指向资产的形态；而"现金及现金等价物"强调流

动性，比如现金等价物一般要求三个月内易于转换为已知金额现金的投资，其具有短期支付能力，即货币资金包含了使用受限的款项。

常见使用受限的货币资金包括：为企业自身或为其他企业提供担保而被质押的存款；银行承兑汇票及信用证的保证金等。上海医药2018年受限的货币资金为20.89亿元的银行承兑汇票及信用证的保证金存款。

2. 与"销售商品、提供劳务收到的现金"有关的勾稽关系

现金流量表中"销售商品、提供劳务收到的现金"＝利润表中的"营业收入"＋资产负债表中"应交增值税（销项税额）"当期的发生额＋"应收款项"的减少额＋"预收账款"的增加额－当期计提的"坏账准备"。这是个简化公式，并不准确，但也能起到检查报表的作用。

有的企业报表无法满足上述勾稽关系，比如东阳光2017年的年报情况，其现金流量表中"销售商品、提供劳务收到的现金"为45.73亿元，而等式右边合计金额75.16亿元，相差近30亿元。原因是什么呢？这个问题我们在上文阐述过，即是票据结算的原因。银行承兑汇票等商业票据可以背书用于收支，但是其并不被视为现金等价物，所以虽然其可以作为支付方式，但不体现在现金流量表中，东阳光2017年不涉及现金收支的商业汇票背书转让金额为39.72亿元，这是导致勾稽关系不成立的重要原因。医药行业使用商业票据支付日益广泛，所以这个问题具有普遍性。

另一个例子是和佳医疗，其2018年年报披露的数据并不符合上述等式，等式左边为17.42亿元，等式的右边是12.72亿元（注意增值税率发生的变化），两者的差额为4.80亿元。为什么呢？我们从公司大额的应收账款可以了解到公司一个重要的业务板块为融资租赁，我国企业会计准则规定，融资租赁的收入要按照一定的折现率折现后计入收入，所以公司销售商品、提供劳务收到的现金要明显大于等式右边的合计值。

但我们也发现有的企业现金流量表中"销售商品、提供劳务收到的现金"明显大于"营业收入"，且"应收款项"也在持续增长，经过特殊调整项调整后，上述勾稽关系依然无法成立，则需要深入了解企业是否有报表编制错误或财务舞弊的情况。关于其他经营活动现金流勾稽关系这里不再赘述，尤其是经营活动产生的现金流净额与净利润的勾稽关系更是现金流间接法编制的基石。

3. 与投资活动现金流"收回投资收到的现金""投资支付的现金"有关的勾稽关系

现金流量表中的"投资收回/支付的现金"项目与资产负债表和利润表也存在勾稽关系。即现金流量表"收回投资收到的现金"-"投资支付的现金"=资产负债表"投资类资产科目"本期减少额+利润表"投资收益"+"公允价值变动收益"+"本期其它权益变动"等。投资类相关科目包括以公允价值计量的金融资产、长期股权投资以及债权投资等其他投资。以下以恒瑞医药为例来说明。

表3-7 恒瑞医药2018年关于投资活动产生的现金流量的勾稽关系

单位：亿元

	本期发生额	
收回投资收到的现金	88.94	
投资支付的现金	114.72	
资产负债表	期末	期初
可供出售金融资产	1.55	1.18
长期股权投资	0.01	
理财产品	70.63	45.50
利润表	本期发生额	
处置以公允价值计量且其变动计入当期损益的金融资产取得的投资收益及公允价值变动损益	0.06	
勾稽关系	左侧	右侧
	-25.78	-25.45

数据来源：wind。

这个勾稽关系还有一些差异，其中一个可能原因是本期其他权益变动或综合收益变动。

但是，也有公司无法满足以上勾稽关系，且差额较大，需要深入研究。

同时，可以根据资产负债表中投资类资产科目的变动，来匡算利润表中"投资收益"的合理性。如投资收益率超过常识，则需要深入了解。

第四章　读懂医药行业绝对估值

第十七节　绝对估值

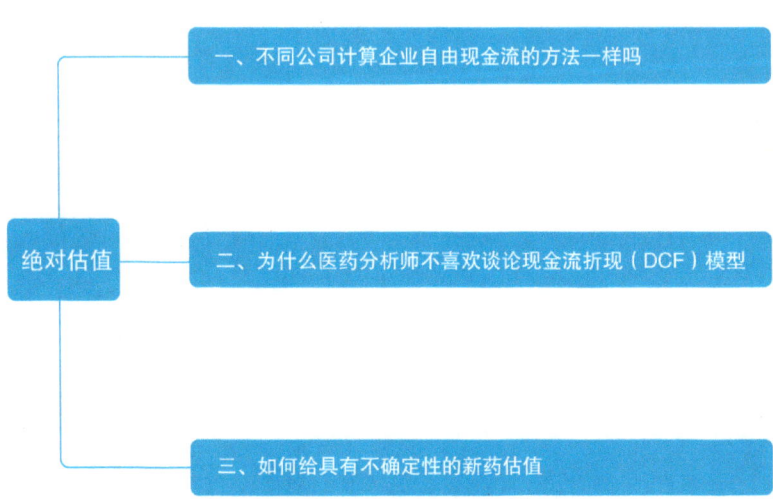

2016年5月，人福医药出资近37亿元收购美国Epic Pharma公司。此项收购使人福医药的商誉余额在2016年增加了27.76亿元。

两年半后，2019年1月30日，人福医药发布年报预亏公告，公司预计2018年度净利润将亏损22亿~27亿元。主要原因是因收购的Epic Pharma公司业绩不达预期。Epic Pharma公司主要产品熊去氧胆酸胶囊因竞争加剧，价格下降80%，导致该公司经营业绩大幅下滑，人福医药拟计提商誉减值损失以及无形资产减值损失合计约30亿元。公告发布后上交所立即就其商誉减值提出了问询。

表4-1　2016年Epic Pharma公司合并日股东权益测算部分数据

单位：万元

项目	2016H2	2017年	2018年	2019年	2020年	永续期
营业收入	34,865.99	61,458.29	69,446.28	113,696.82	120,446.60	120,446.60
营业成本	6,721.81	18,102.06	22,347.81	51,583.57	56,835.58	56,835.58
利润总额	17,289.14	24,373.45	27,228.23	40,431.06	41,398.72	41,398.72
减：所得税费用	2,248.17	2,011.24	3,010.41	7,631.40	7,970.08	7,970.08

第四章　绝对估值

续表

项目	2016H2	2017 年	2018 年	2019 年	2020 年	永续期
净利润	15,040.96	22,362.21	24,217.82	32,799.66	33,428.64	33,428.64
加：折旧及摊销	3,232.88	5,562.09	5,582.09	5,612.09	5,642.09	5,642.09
减：资本性支出	284.09	1,807.01	2,727.01	2,857.01	3,137.01	3,137.01
减：营运资金增加额	−10,657.23	5,540.69	3,256.73	18,754.45	2,959.63	
营业现金流量	28,646.99	20,576.60	23,816.16	16,800.29	32,974.09	35,933.72
折现率	9.31%	9.31%	9.31%	9.31%	9.31%	
折现值	27,399.42	18,003.65	19,062.66	12,301.36	22,086.86	258,423.88
企业自由现金流合计						357,277.83
加：溢余资产现值及非经营性资产						0.00
减：有息负债及非经营性负债						0.00
企业价值						357,277.83

数据来源：公司公告。

表 4-2　2018 年底 Epic Pharma 公司相关资产组价值测算部分数据

单位：万元

项目	2019 年	2020 年	2021 年	2022 年	2023 年	永续期
营业收入	81,857.59	109,132.62	115,244.64	129,121.15	143,475.61	143,475.61
营业成本	65,447.92	85,241.72	89,450.54	98,109.10	106,264.83	106,264.83
利润总额	−3,086.71	3,274.46	4,679.53	9,443.29	14,464.86	14,464.86
加：折旧及摊销	6,954.30	7,064.95	7,286.24	7,396.89	7,507.54	7,507.54
减：资本性支出	1,991.64	1,991.64	1,991.64	1,991.64	1,991.64	7,507.54
减：营运资本变动	6,126.45	15,295.02	3,427.44	7,781.53	8,049.56	
资产组现金流量	−4,250.50	−6,947.25	6,546.69	7,067.01	11,931.20	14,464.86

续表

项目	2019年	2020年	2021年	2022年	2023年	永续期
折现率	11.94%	11.94%	11.94%	11.94%	11.94%	
折现值	−4,017.57	−5,865.56	4,938.17	4,761.75	7,182.58	72,930.03
资产组未来自由现金流合计						79,929.40
加：溢余资产现值及非经营性资产						64,111.04
减：有息负债及非经营性负债						53,433.23
资产组可回购金额						90,607.22

数据来源：公司公告。

我们可以从人福医药对上交所问询回复的公告中了解到公司在 2016 年、2018 年对 Epic Pharma LLC 进行估值时的具体假设和参数计算过程，部分数据如表 4-1、表 4-2 所示。

这一案例告诉我们，在使用 DCF（Discounted Cash Flow）进行估值时，合理的盈利预测是估值的根本，稳定现金流预期是使用 DCF 二阶段法的前提。

值得注意的是，人福医药两次估值对"企业自由现金流"的定义不同，第一次使用了不含税的"营业现金流量"，第二次为含税现金流。实际上，"企业自由现金流"的解读是百家争鸣的，我们将在下文中讨论。同时，两次 CAMP 模型使用的折现率也不同，分别为 9.31%、11.94%，即使用税后和税前折现率，与税后、税前自由现金流相对应。

DCF 估值并不是一个严谨的科学计算过程。正如人福医药使用税前现金流模型与使用税后自由现金流模型实际上并不是一个模型，两次估值模型内涵都发生了变化，相差税收摊销收益（TAB）的价值。但这些细节问题我们通常都是忽略的，因为没有人能估算企业准确的价值。

DCF 估值更是一种重要的估值思维方式，值得每个投资人学习使用。

一、不同公司计算企业自由现金流的方法一样吗

1. 以美敦力、葛兰素史克、长春高新为例

企业自由现金流量（Free Cash Flow To The Firm，FCFF）指在不影响公司持续发展的前提下可供分配给企业资本供应者的最大现金额，其已成为企业价值评估领域最重要的基础数据。

表 4-3 美敦力（Medtronic）自由现金流计算方法

(in millions)	Fiscal Year		
	2019	2018	2017
Net cash provided by operating activities	$7,007	$4,684	$6,880
Additions to property, plant, and equipment	(1,134)	(1,068)	(1,254)
Free cash flow	$5,873	$3,616	$5,626

数据来源：公司公告。

表 4-4 葛兰素史克（GSK）自由现金流计算方法

	2019 £m	2018 £m
Net cash inflow from operating activities	8,020	8,421
Purchase of property, plant and equipment	(1,265)	(1,344)
Purchase of intangible assets	(898)	(452)
Proceeds from sale of property, plant and equipment	95	168
Proceeds from disposal of intangible assets	404	256
Interest paid	(895)	(766)
Interest received	82	72
Dividends from associates and joint ventures	7	39
Contingent consideration paid (reported in investing activities)	(113)	(153)
Contribution from non-controlling interests	—	21

续表

	2019 £m	2018 £m
Distributions to non-controlling interests	(364)	(570)
Free cash flow	5,073	5,692

数据来源：公司公告。

我们可以看到，美敦力（Medtronic）自由现金流的计算方法为经营活动产生的现金流扣除购买物业、厂房和设备的资本开支；葛兰素史克（GSK）对自由现金流的计算公式则在美敦力自由现金流计算公式的基础上增加了无形资产的购建支出、固定资产与无形资产的处置收益、利息的收支、分红等项目。

国内上市公司长春高新在收购子公司股份进行估值时，对企业的自由现金流量的计算公式为"自由现金流量=息税前利润×（1-所得税率）+折旧摊销-资产更新投资-营运资金增加额-资本性支出"。而这与上文中人福医药自由现金流的算法也不同。

2. 自由现金流的主流计算方法

正如上面几个例子所表明的，企业自由现金流并不是一个被精确定义的概念，不同使用者理解和计算方法会有差异。

目前较为主流的是汤姆·科普兰（Tom Copeland）于1990年所阐述的计算方式，即"自由现金流=息税前利润×（1-实际税率）+折旧与摊销-资本性支出-净营运资本增加"。这一计算公式的推算并不来自投资者常使用的会计现金流表，而来自财务现金流量表（非收付实现制），可参考 Stephen A. Ross 编著的《公司理财》。这也是使用最普遍的计算方式，国内计算自由现金流多以此为基础。这里需注意"营运资本"与"净营运资本"的概念差异，"净营运资本"是指"流动资产-无息流动负债-货币资金"。

除此之外，美国上市公司多使用的一个简化计算方法为"自由现金流=经营活动产生的现金流（CFO）-资本性支出"。巴菲特会用这一方法对企业自由现金流做简单推算，上述例子中美敦力（Medtronic）使用了这种方法。但是这种计算方法与第一种方法（科普兰公式）会有差异，原因是第一种方法中折旧摊销并不代表所有的非现金支出，净营运资本变动中也有非经营性资产与负债的变动。从这个角度讲，后一种计算方法更有现实意义。

上文中葛兰素史克（GSK）公司使用的是第二种计算公式，但看上去更加复杂。这是因为葛兰素史克是一家英国公司，其经营活动产生的现金流的核算并没有将利息收入、利息费用和股利收入划分为经营活动产生的现金流量，与GAAP要求不同，可以解释上文中其自由现金流计算公式的部分差异。

除此之外，自由现金流其他的计算公式多是建立在以上两个公式之上，细节略有差异，如是否应该扣除所得税；资本支出是否包括无形资产的购建；是否应该将长期经营资产与负债变化考虑进入；是否使用新增营运资本而不是净营运资本；是否应该加上税后利息等。

2018年中国证监会发布《会计监管风险提示第8号——商誉减值》相关要求，企业商誉减值测试评估应采用税前现金流和税前折现率。即"自由现金流=息税前利润+折旧与摊销-资本性支出-净营运资本增加"。

3. 医药行业自由现金流计算的再思考

郭永清在其《财务报表分析与股票估值》一书中，对于资本支出有一番讨论。其认为资本支出包括两个部分，一部分是维持原有经营规模的资本支出，即保全性资本支出（可以用折旧摊销金额估算）；另一部分是扩张经营规模的资本支出。成长期的企业在扩张过程中后者支出金额较大，导致企业长久的自由现金流为负，而导致使用者无法对企业的价值进行判断，错杀很多优质公司，所以作者认为，在扣除资本性支出时应该只扣除保全性资本支出。

这一问题在医药行业中也较为突出，在对成长期企业未来资本性支出做预测时，可以加以考虑。

二、为什么医药分析师不喜欢谈论现金流折现（DCF）模型

首先我们要明确一点，现金流折现方法是企业估值中的基石。与PE、PB、PS等市场法相比，其并不依赖于市场的价格，而是独立剖析企业的内在价值，从而备受巴菲特等价值投资者的推崇。从相对估值到绝对估值，某种意义上意味着投资人将股票的定价权从其他人手中转移到自己手中。但是在应用中也存在一些问题。

1. 是否有稳定现金流

我们将时间退回到2013年，并试图使用DCF法来估算大型医药公司的内在价值。首先是估算自由现金流，表4-5是2013年底国内医药市值排名前10的医药公司以及整个医药板块在2014—2018年自由现金流情况。可以看出无论是市

值较大的个股还是医药板块,其自由现金流的稳定性都不好,且表中有近40%的自由现金流数据为负值。

DCF折现模型使用的一个前提假设是企业拥有较为稳定的现金流预期,但是事实并非如此,即使是体量较大的企业。

表4-5 企业自由现金流情况

单位:亿元

证券简称	市值	企业自由现金流				
	2013/12/31	2014年	2015年	2016年	2017年	2018年
云南白药	708.08	(4.41)	7.09	(0.89)	9.37	35.37
恒瑞医药	516.61	(1.40)	2.13	0.75	8.43	7.60
天士力	442.99	10.50	(9.57)	15.23	8.32	(39.94)
复星医药	438.91	0.27	2.74	(6.15)	3.44	(7.07)
上海医药	397.69	(14.64)	1.17	(6.76)	12.45	(64.94)
ST康美	395.77	(25.80)	(9.56)	(59.62)	(26.08)	12.76
白云山	357.18	9.65	11.23	11.13	(9.09)	(33.85)
同仁堂	280.51	5.95	3.48	(3.57)	5.44	5.52
东阿阿胶	258.73	3.91	5.46	5.01	7.57	8.81
华润三九	243.65	7.20	17.65	17.99	12.75	3.52
SW医药生物	15,289.71	(61.73)	(31.22)	46.34	(161.55)	(1.27)

数据来源:wind。

医药企业自由现金流较大变动主要来自哪里?通过对整个医药板块企业自由现金流的变化来源进行分析,在EBIT、折旧摊销、新增净营运资本、资本开支中,新增净营运资本是企业自由现金流稳定性较差的主要原因。

表4-6 医药板块自由现金流组成变化情况

单位:亿元

项目	2014年	2015年	2016年	2017年	2018年
EBIT	582.72	761.40	948.62	1,291.44	1,486.02
YOY		31%	25%	36%	15%

续表

项目	2014年	2015年	2016年	2017年	2018年
所得税	113.48	141.20	173.52	249.25	241.02
YOY		24%	23%	44%	-3%
净营运资本增加额	363.98	571.14	410.80	882.43	795.87
YOY		57%	-28%	115%	-10%
资本开支	388.92	472.94	538.03	672.53	852.44
YOY		22%	14%	25%	27%
折旧与摊销	155.84	200.52	249.00	305.97	370.22
YOY		29%	24%	23%	21%

数据来源：wind。

2. 模型对折现率敏感

我们假设一家大型医药企业当年的自由现金流量为 A，预计未来五年复合增长率是 10%，使用二阶段折现模型。我们参考 2017—2019 年 A 股医药公司并购时使用的折现率，WACC 值分别取其范围中高、中、低三个值的近似整数，分别为 14%、12%、10%。

使用 WACC 模型进行计算，结果如下表所示。其提示两个信息，一是企业的估值中终值部分的占比是非常大的，约近 80%，终值的大小对企业价值的评估是决定性的。

$$WACC = K_e \frac{E}{D+E} + K_d \frac{D}{D+E}(1-T)$$

式中：WACC 为加权平均总投资回报率；

E 为权益资本；

D 为付息债权资本；

K_e 为权益资本期望回报率；

K_d 为债权资本回报率；

T 为企业所得税率。

$K_e = R_f + RPM \times \beta + R_c$

式中：R_f：目前的无风险利率

RPM：市场风险溢价

β：权益的系统风险系数

R_c：企业特定风险调整系数

图 4-1　WACC 计算公式

表 4-7 企业内在价值模拟计算过程

假设：			
WACC	10.0%	12.0%	14.0%
期初企业自由现金流量（FCFF）	A	亿元	
预测期	5	年	
T1-T5 增长率	10%		
永久增长率	3%		
权益比率	100%		
计算结果：			
DCF（T1-5）	5.00A	4.74A	4.50A
DCF（终值）	23.70A	18.43A	15.08A
DCF（合计）	28.70A	23.17A	19.58A
DCF（终值占比）	83%	80%	77%

二是 WACC 值对企业估值影响较大，上表中 WACC 值 1% 的差距可以造成 DCF 最终结果近 10% 的差距。而 WACC 的计算过程，充满着个性化的选择。

以市场风险溢价 Rpm 的计算为例，有的公司选择上证指数或沪深 300 成分股 10 年收益率的几何平均值，有的公司认为中国股市的波动幅度过大，则采用成熟股票市场的风险溢价加上中国风险溢价补偿的方式计算；同时，不同公司风险溢价测算所选择的时间也有长有短。

系统风险 β 的测算过程因参照对象数量和种类而改变；企业自身的特殊风险溢价更是较难量化的指标，2017—2019 年 A 股医药公司并购时使用的特殊风险溢价 ε 范围是 1%~3.5%。

虽然 WACC 的计算是一个充满细节的过程，但是总体来说，折现率的本质就是投资者对投资标的期望收益率，在其选择过程中，体现着投资者的风险偏好差异。比如泽璟制药收购 GENSUN 公司，对其无形资产进行估值时使用的 WACC 值为 25.33%。在评估早期新药项目时，大型制药公司常用 15% 以内的折现率，而风险投资公司则会用 20% 以上的折现率。

3. 新药对医药行业影响越大

新药或新的技术平台成为重要的投资方向，相应资产在企业价值中占比越来越高。很多企业的价值中有较大比例是体现新药专利价值，但目前常使用的 DCF

模型是不能充分反映的。

对于具体医药项目的估值,由于药物未来是否能成功上市是未知的,所以 rNPV(风险调整净现值法)较为常用。

三、如何给具有不确定性的新药估值

1. 什么是 rNPV 估值方法

企业的发展过程是充满不确定性的,一般情况下我们认为这是风险。但是实物期权理论认为,正是由于不确定性,公司价值才能得到提高。需要将公司面临的选择权和不确定性加以定量考察,才能使评估更加准确。新药的研发周期长、失败率高,价值评估主要的矛盾即是不确定性,所以在新药方法过程中引入实物期权评估是必要的。

实物期权定价的方法主要有偏微分法的 Black-Scholes 模型、动态规划法的二叉树模型、模拟法的蒙特卡罗模拟。在新药评价的实务中,我们较多使用二叉树模型。

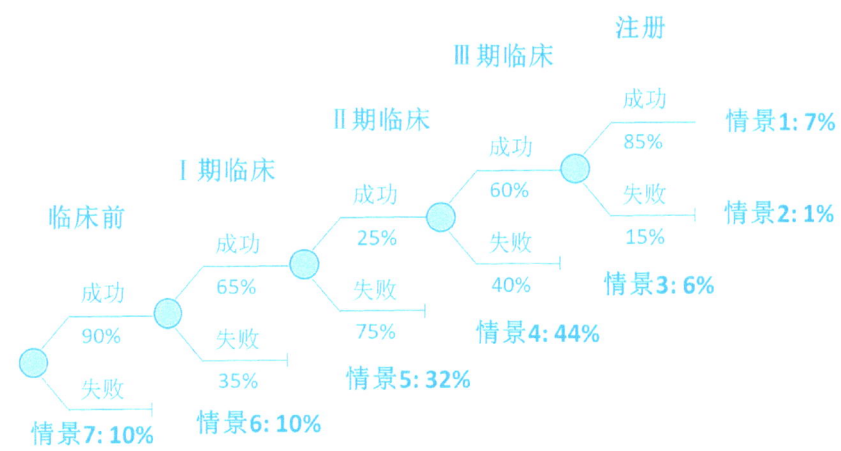

图 4-2 新药研发决策树示意图

注:图中的临床试验成功率为概数,不同病种有相应的临床试验成功率

如上图所示,新药每往前推进一步,都有一个决策点,不同的决策有不同的结果,则在这个决策点药品的价值为每种选择价值的总和。假设药品未来销售额折现值为 A,如果已经做完临床Ⅲ期,进入注册环节,则药品的价值 = A×药品注册成功率(85%)+药品价值(0)×注册失败率(15%),即 85%A;如果药品刚刚进入临床Ⅲ期,则药品的价值 = 85%A×Ⅲ期临床成功率(60%)+药品价值

(0) ×Ⅲ期临床试验失败率（40%）= 51%A。当然，药品失败了也并不意味着其价值一定为 0。

NPV（净现值法）是指一定时期的金额折现，r-NPV 是指加入了风险调整后的净现值法。在新药估值中 r-NPV 法是以 DCF 为基础，考虑该药物研发在相应节点的成功概率，对该药物产生的现金流进行调整，再将调整后的现金流进行折现得到该药物的净现值。

2.3 倍峰值法（Price-to-peak-sales multiple）怎么用

由于 rNPV 涉及参数众多，需要相应的数据库以及对产品专业的理解，才能作出一个相对理想的模型。所以在二级市场的投资中，经常会听到分析师使用峰值法进行粗略估值。我们试图从分析 3 倍峰值法（或者 2-4 倍法）的使用来看看 rNPV 估值的要点。

（1）什么是峰值

峰值我们一般认为是产品最高的销售额。

那么这个峰值是指风险调整过的销售额（即将产品上市的概率考虑进去），还是未经过风险调整过的销售额？这个金额是毛销售额还是净销售额？这个峰值是一个地区的销售额、一个适应症的销售额，还是所有因素合计的销售额？

比如两家公司都开发 IL-6 靶点的产品，一家公司刚进入Ⅰ期临床，一家公司已经进入Ⅲ期临床，两家公司的估值必然由于上市的概率不同而产生差异。即峰值销售额必须计算上市概率，是经过风险调整过的金额。

同时，产品的销售金额并不是实际的收入金额，还要考虑增值税问题、优惠赠药问题，即需要乘上一个系数，为净销售额，每个国家的调整系数不同。

由于一个靶点产品在不同适应症、不同地区的开发和销售策略不同，应该单独计算其峰值，再做一定的合计调整。

（2）3 倍峰值法使用的条件是什么

如下例所示，假设一个生物药在美国和欧洲的市场规模是 200 亿美元，产品的渗透率为 25%，即销售峰值为 25 亿美元，由于在临床Ⅲ期，给予其风险校正系数 50%，自由现金流比率（自由现金流/产品销售额）为 0.6，达峰时间为 6 年，峰值持续时间为 3 年，专利悬崖后销售额以 25% 的速率递减。则在 7% 的折现条件下此药品的 rNPV 为 75.25 亿美元，是销售峰值 25 亿美元的 3 倍。

但是如果这个产品是刚刚进入临床Ⅱ期，在其他条件不变的情况下，其

第四章 绝对估值

rNPV 将不足 18 亿美元，估值不足销售峰值的 80%；如果这个产品属于一家中国公司，使用上文中提及的 12% 的折现率，则其 rNPV 是峰值销售额的 2 倍。

所以，一个 3 年后预期上市，销售遵循标准的 S-curve 曲线，上市 10 年后专利到期的药品，使用 7% 的折现率估值水平是 3 倍峰值。如果产品研发还处在更早的阶段、产品专利期更短、折现率更高，则不可能达到 3 倍峰值的水平。

所以可以根据产品所在的研发阶段、不同折现率、药品 S-curve 特点去制作一个简易估值表格，使得峰值法更具实操性。

表 4-8 3 倍峰值法的使用假设

单位：亿美元

假设：								
市场规模	200.00							
渗透率	0.25							
风险校正系数	0.50							
自由现金流比率	0.60							
达峰时间	6							
峰值持续时间	3.00							
销售递减速率	25%							
计算结果：								
	2020	2021	2022	2023	2024	2025	2026	2027
市场渗透率	0	0	0	1.2%	6.7%	16.5%	22.8%	24.6%
销售额（风险校正）	0	0	0	1.22	6.75	16.54	22.80	24.55
自由现金流	0	0	0	0.73	4.05	9.93	13.68	14.73
	2028	2029	2030	2031	2032	2033	2034	2035
市场渗透率	24.9%	25.0%	25.0%	25.0%	20.7%	16.1%	12.6%	9.8%
销售额（风险校正）	24.91	24.98	25.00	25.00	20.73	16.14	12.57	9.79
自由现金流	14.95	14.99	15.00	15.00	12.44	9.68	7.54	5.87
折现率	7%	10%	12%					
rNPV	75.25	59.29	50.93					

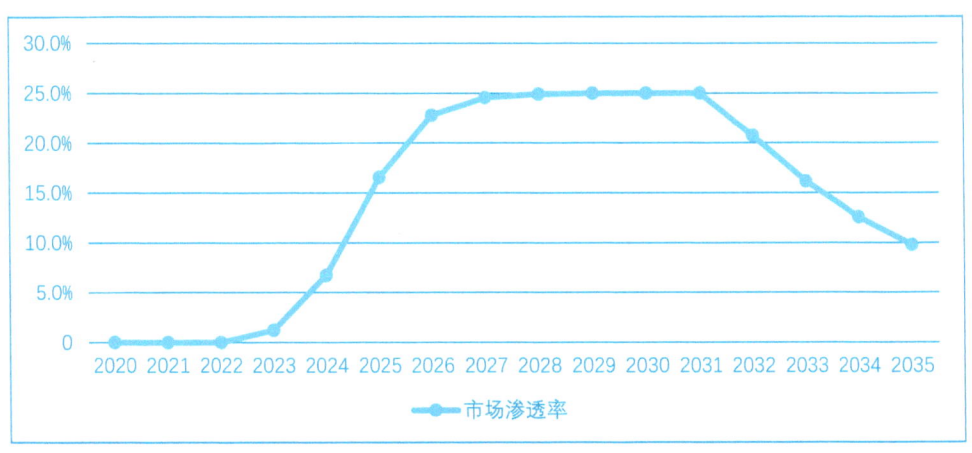

图 4-3　某生物产品市场渗透率 S-curve 曲线

3. 中国市场新药 rNPV 估值的难点

(1) 流行病学数据与渗透率

中国的流行病学基础数据并不完善，许多疾病缺乏足够样本量的流行病学调查，有时并不能靠购买数据库来解决，而需要多方调研做补充。

除此之外，由于中国人口基数大，渗透率的微小差异就可以导致估值模型的较大变化，其也是最难准确估计的因素。

我们以药王 Humira 在中国的表现为例，虽然类风湿关节炎（RA）或者强直性脊柱炎（AS）都是患病人群较大的适应症，中国约有 500 万 RA 患者、500 万~1000 万的 AS 患者，但是在中国上市多年，Humira 只有千余患者使用，即使是加上其他抗 TNF-α 药物的销售，药品的渗透率也很低，据瑞士瑞信银行统计显示，2018 年中国所有上市的 TNF-a 抑制剂药物的市场渗透率仅为 0.31%，而美国的渗透率为 13.36%。渗透率往往是复杂因素导致的，如医保覆盖水平、销售能力、竞争环境等都会影响药物的渗透率估计。

(2) 风险校正因子

由于国内新药的成功率目前还是远高于海外，尤其是靶点已经被验证过的产品。截至 2015 年底，中国医学科学院肿瘤医院近 20 年的肿瘤新药临床试验数据显示，56 个一类新药中共有 11 个批准上市，占比近 20%，对国内肿瘤药研发有一定的借鉴。总体来说，国内新药上市成功率是高于全球平均水平的，具体需要个性化的分析。

(3) 产品销售曲线

不同市场的 S-curve 也有较大差别,中国、日本等市场由于和欧美在招标、报销政策等方面的不同,其达峰时间、峰值持续时间、衰退速度都有所不同。比如 me-better 类别的新药,在欧美市场可能很快就达到了峰值,在国内,药品首先要进入招采目录,然后逐步进入医保,爬坡时间是比较长的,比如贝达药业的艾克替尼,上市 9 年依然处在爬坡期。

所以国内产品一般不能直接使用同类型药物海外的 S-curve 曲线,即一般达峰时间为 5~10 年,持续时间为 3 年左右,专利到期后销售峰值下降速率 20%~25%。而且需要重新估计。